SIN DUDA,
LAS COSAS BUENAS SUCEDEN

SIN DUDA,
LAS COSAS BUENAS SUCEDEN

MARTHA SÁNCHEZ LLAMBÍ

México, 2015

Para realizar pedidos de este libro, contacte con:
Palibrio
1663 Liberty Drive
Suite 200
Bloomington, IN 47403
Gratis desde EE. UU. al 877.407.5847
Gratis desde México al 01.800.288.2243
Gratis desde España al 900.866.949
Desde otro país al +1.812.671.9757
Fax: 01.812.355.1576
ventas@palibrio.com
727726

ÍNDICE

PRÓLOGO

La idea de escribir sobre *las cosas buenas* surgió hace poco, a raíz de escuchar lo que sucedía en la vida de algunas personas allegadas a mí. Hablaban de una serie de eventos desagradables, dolorosos, que afectaban su cuerpo, y con tristeza comentaban que todo eso no tenía remedio. En una de esas personas, el problema era una enfermedad considerada incurable. Lo terrible del caso, porque no pude y no he podido convencerlas, es que habiendo cientos de ejemplos de curaciones (algunas llamadas 'espontáneas' y otras a través de la voluntad y la confianza en nuestras capacidades de auto sanación como seres humanos) siguen insistiendo en que no hay nada que se pueda hacer porque así lo establece la medicina convencional.

Estas personas que menciono son individuos que practican diversas terapias energéticas, sin embargo, no les ha sido posible deshacerse de creencias heredadas en sangre o de creencias adquiridas a través de la repetición de un pensamiento. Otras, no aceptan que tienen en su haber las herramientas necesarias para hacer cambios, grandes cambios.

Se nos olvida algo fundamental: **Somos los creadores de nuestra propia realidad**. Escritores, maestros espirituales, terapeutas y científicos lo han repetido con mayor frecuencia estos días. Todo lo que nos sucede es debido a que nuestra mente lo piensa y luego actúa en concordancia, aunque no estemos conscientes de ello. Si pensamos en tragedias, peligros, fracasos o enfermedades lo único que estamos haciendo es atraerlas. Pero, si pensamos en cosas positivas, si establecemos una meta y trabajamos en ese proyecto con todo entusiasmo, el resultado será la realidad que deseamos vivir.

Gregg Braden nos dice: *"Debemos ser en nuestras vidas lo que elegimos experimentar en nuestro mundo."* Su libro titulado Spontaneous Healing of Belief (La Sanación Espontánea a Través de la Creencia) habla de las oportunidades que aparecen en la vida de todo ser humano y que si nos concentramos, si visualizamos en nuestro interior eso que nos haría tan felices, el universo, a través de la Ley de Atracción, hará que se manifiesten.

Podemos recordar las leyes escritas en el Kybalion que resume las energías universales que nos rodean; todo lo que podemos lograr si permanecemos en el presente. Estar en el Ahora es pertinente para recibir los beneficios de nuestra conexión con la energía divina.

Martha Sánchez Llambí
Ciudad de México, mayo de 2015

CAPÍTULO UNO

EL EGO

El ego es una ilusión, no lo defiendas. Wayne W. Dyer

Para que las cosas buenas nos sucedan es fundamental conocer nuestro ego. De este modo evitamos ser controlados por emociones limitantes o por pensamientos surgidos de un sistema de creencias heredadas, que suelen ser obsoletas, porque nos mantienen cautivos en costumbres que dependen mayormente de lo que dictaminan las religiones o la sociedad.

Si puedes eliminar de tu vida los juicios, críticas y la tendencia a condenar o censurar a cualquiera y todas las creaturas, entonces podrás manifestar la vida que tú deseas. El estado del ser que nace durante esa eliminación es uno de paz y profunda claridad que ya ha elegido evolucionar. Nuestro verdadero Yo no puede ser robado, ya que contiene valores perdurables. Wayne Dyer nos dice: *Abandona el ego para que llegue hasta ti el sentido de humildad.*

Se dice que el ego es el Yo o la conciencia humana, y que dos de sus características son la arrogancia y la soberbia. Existen muchas definiciones, algunas dicen que el ego es esa parte nuestra que siente la necesidad de ser *especial;* esa parte que busca la aprobación de los demás, porque el individuo carece de seguridad y cree que su auto estima va a permanecer incólume si alguien elogia su trabajo. Eso lo sé muy bien puesto que moré dentro de esa energía por muchos años. Gracias a mi deseo de encontrar el equilibrio interior pude ir cancelando ese impulso del ego. Fui afortunada, porque surgieron delante de mí opciones aportadas por terapeutas quienes, con toda honestidad, hablaron de fallas similares a las mías o describieron experiencias nacidas de una luminosa epifanía que les mostró el camino a seguir... el camino –como dice el Dalai Lama- a la Paz de la Mente.

Para librarnos del ego podemos pensar lo siguiente: *Voy a avanzar y a dejar que los demás hagan lo que sientan que es más cómodo para ellos. Ellos no están listos para las cosas que yo sé, y eso está bien.*

A través de las personas que he conocido en mi camino de estudio, he aprendido a dominar mi ego. He comprendido que muchos *'cojeamos del mismo pie'* en cuanto al manejo de nuestras emociones. Recientemente tuve la gran fortuna de escuchar a Guy Winch, psicólogo inglés, de cuyos labios salieron las palabras exactas que describen una de mis fallas, la de estar rumiando lo mismo, la misma escena dolorosa o mi gran decepción respecto de la relación con ciertas personas, y algún pasaje desagradable, ese evento molesto que no tuvo un final tranquilizante, que no pudo resolverse y, por ende, quedó en mi mente para ser repasado una y otra vez en su calidad de *"si tan sólo yo le hubiera dicho… si me hubiera escuchado".*

Este estupendo investigador, que propone la higiene emocional, es un estudioso del comportamiento humano, quien trata con gran sentido del humor el hecho de que la mayoría de las personas comentan -cuando se enteran que es psicólogo- "Ah, pero no es doctor, doctor, ¿verdad?"

Sus nueve años en la universidad para recibir el doctorado correspondiente parecen no tener ningún valor para muchos individuos. Y eso me remite a mis años de estudios que no produjeron ningún título profesional; principalmente, por no haber tenido oportunidad de ir a la universidad y, después, por interesarme en campos muy diversos, no obstante, relacionados todos ellos con la salud física y emocional.

El Dr. Winch, en su magnífica intervención en uno de los programas de TED que veo por Internet, desmenuza todos los elementos que deberíamos tomar en cuenta para darnos los primeros auxilios emocionales. Si usamos primeros auxilios para contusiones, heridas o malestares estomacales, ¿por qué no contar con un botiquín de primeros auxilios para cualquier alteración emocional que nos embargue? Solemos favorecer el cuerpo versus la mente y las emociones.

De esta clarísima plática extraigo conceptos profundos que con seguridad ayudarán a cualquier ser humano si éste decide hacerlos suyos, como por ejemplo... ¿Qué hacemos para mantener nuestra salud mental? ¿Qué sucede con nuestros daños psicológicos? ¿Por qué no tenemos la información necesaria para manejar nuestras emociones de manera adecuada, para evitar enfermedades, para alejarnos de una vida oscura, sin alegría?

Nos han acostumbrado (educado) a aferrarnos a las cosas, o a situaciones y personas. Para eliminar las creencias limitantes que alimentan nuestro ego, es indispensable mantenernos abiertos a todo, pero no aferrarnos a nada.

El ego ha sido objeto de miles de estudios y análisis por parte de grandes escritores, pensadores, terapeutas y profetas. Uno de ellos, el lúcido Rabindranath Tagore, estableció lo siguiente: *"Somos miserables porque somos creaturas del ego, del ego intransigente y estrecho que no refleja luz alguna, que permanece ciego ante el infinito. Nuestro ego resuena con sus propios clamores discordantes."*

También escribió: *"Ese orgullo del ego, esos apetitos insaciables, esa vanidad de poseer, esa alienación del corazón, constituyen la envoltura que nos ahoga. Mientras no hayamos alcanzado la armonía interior y la totalidad de nuestro ser, nuestra vida será una existencia puramente tejida de costumbres."*

Al ego le gusta estar en control. Una actitud frecuente es ver con toda normalidad el hecho de criticar las fallas de otras personas, tanto si a tu modo de ver están equivocadas como si en verdad no tienen el conocimiento ni están informadas sobre el tema de la charla que están sosteniendo. Hay maneras de sacar del error a una persona, siempre y cuando seamos pacientes y digamos las cosas amorosamente

Otro comportamiento que muestra tu deseo de tener control es, al estar en medio de una acalorada discusión, no cejar hasta que se "haya ganado el argumento". Una más, es sentir celos cuando otras personas tienen éxito. También, hablar de tu persona todo el tiempo antes de hacer preguntas sobre cómo está tu interlocutor. Cuando el ego te controla, no puedes actuar con humildad. Además, te involucras en metas imposibles y luego te sientes incómodo si no logras tu objetivo. Sueles culpar a los demás cuando las cosas no salen como tú querías. Resulta difícil entender, sin embargo es cierto: el ego distorsiona la realidad.

Una persona con problema de ego suele ser poco agradable. Tiende a juzgar negativamente a los demás; insiste en enarbolar "su" verdad y eso la convierte en un juez implacable, en un crítico del comportamiento humano.

El ego necesita continuamente dar buena imagen ante la sociedad, necesita estar en el escenario, bajo luces brillantes. Vive una ilusión, una fantasía en la que pretende situarse por encima de los demás. La opinión que tiene de sí mismo está distorsionada; el verdadero "yo" debe ser humilde, alejado de la vanidad, su mejor actuación resalta cuando la serenidad lo rodea.

Las personas que no han podido vencer a su ego portan una máscara social, representan un papel que los aleja cada vez más de su verdadero yo interior. Esta máscara necesita halagos, aprobación de los demás, necesita tener el control de las situaciones y las personas, quiere tener el poder porque, en lo más profundo de su ser, respira el miedo. Por lo tanto, necesita creerse superior para disimular su inseguridad.

Si te dejas dominar por el ego, no vas a querer arriesgarte, por miedo a fracasar. Permanecerás en una zona cómoda para seguir alimentando a tu falso "yo" con halagos. Evitarás al máximo situaciones desconocidas por temor al rechazo o las críticas, por miedo a no ser valorado. Una actitud negativa puede orillarte a la soledad y la soledad crea situaciones incómodas, la más frecuente es no hacer conexión con los demás. La soledad crónica te causa el mismo efecto que una enfermedad, y puede llegar a ser fatal. No es lo mismo que ser solitario, porque en el silencio se crean espacios de gran claridad, surgen momentos de reflexión que nos permiten alcanzar nuestras metas, seguros de poder luchar para vivir siempre en armonía, irradiando amor y compasión hacia los demás.

Al silenciar al ego nos permitimos ser humildes

Ya sabemos que el ego siempre está protegido por sus creencias y se resiste, por lo que desenvaina la espada sin que haya el menor asomo de ataque; está constantemente a la defensiva. Los consejos que nos susurra al oído nuestro ego nos confunden y no nos permiten actuar espontáneamente. Sin embargo, podemos confiar en nuestra intuición, esa nunca se equivoca, por ende, si rechazamos la necesidad de dominar, recuperaremos la sencillez. Nuestra esencia interior no es tan complicada.

Tienes la opción de eliminar de tu vida las exigencias, las culpas, el ser perfecto o la necesidad de tener la razón. Puedes elegir disfrutar las pequeñas cosas, la belleza de la vida. Las cosas buenas llegarán sin problema. Todos llevamos dentro a una gran persona, no dejes que el ego nuble tu comportamiento y saque lo peor de ti.

Dicho todo lo anterior, quiero resaltar que el ego, no obstante, es una parte esencial del ser humano, por eso solamente es necesario llevarlo hacia la vibración más sólida y valiosa que es la generosidad, la comprensión y la tolerancia. Hay un elemento divino en cada uno de nosotros que podemos conocer íntimamente para vivir en la dicha y en el respeto a los demás. El buen ego es el que nos ayuda a triunfar en nuestros estudios, a salvarle la vida a alguien que está en peligro o a un enfermo si somos médicos. El buen ego muestra lo mejor de sí cuando amamos incondicionalmente. El buen ego nos ayuda a meditar, es la mejor herramienta para el crecimiento y para alcanzar estados de conciencia elevados, tan necesarios en estos tiempos de cambio.

Los que elegimos escribir, para comprendernos mejor y para entender todo lo que nos rodea a través de múltiples lecturas, más tarde nos es preciso compartir con otros lo que para nosotros fueron impecables enseñanzas. Por ende, estamos conscientes de una verdad ineludible: es preciso repetir lo que esos seres iluminados concluyeron a partir de sus propias experiencias o meditaciones.

De ahí que no es algo para ser criticado, el hecho de mencionar lo que nos parece lúcido y lleno de sabiduría proveniente de otros individuos, quienes, como nosotros, han estado estudiando sobre nuestra existencia en este planeta. Sin embargo, existen detractores, individuos que se resisten a dar ese paso al vacío para conocerse mejor y vivir en armonía con sus emociones.

Por supuesto que siempre existirán detractores porque, si las personas no han tenido una apertura de conciencia, si no se les ha ocurrido *reflexionar* sobre 'ser fieles a sí mismos' y sobre todo, agradecer las bendiciones que reciben día a día, y estar alertas respecto de nuestra misión como *seres espirituales que somos, experimentando una vida física,* (W. Dyer) lo que hacen es juzgar y criticar, llevados por un gran enojo.

Las vivencias que precedieron al cambio

En mi condición de humilde escritora y estudiosa de las emociones, he trabajado para eliminar mi ego negativo, para ser tolerante. Nos podemos dar cuenta que esos grandes maestros que he leído y cuya sabiduría ha sido la mejor linterna para iluminar mi camino, también han tenido experiencias dolorosas en su vida, períodos de gran confusión, de dudas y desesperación. Esas experiencias fueron las que los despertaron e impulsaron hacia niveles de conciencia más elevados. E. Tolle vivió una epifanía, W. Dyer lo mismo, también Anita Moorjani, cuyo regreso de un coma a causa de un cáncer terminal le dio una gran claridad, y ahora escribe y da conferencias sobre la misión que le fue asignada a través del amor. Y tantos escritores, terapeutas, científicos e investigadores que pasaron por lo mismo, para poder ver con claridad lo que estaba frente a sus ojos, para recuperar su conexión con la energía del universo, con la sabiduría divina.

Puedo decir que he tenido no una sino tres distintas epifanías en mi vida. No aprendí de la primera, solamente me sacudió, dejando una semilla en mi mente, tierra fértil que aun sin yo saberlo, ya estaba lista para dar vida a otras percepciones, y me hizo pensar sobre las cosas inútiles que estaban en mi sistema de creencias. Sin embargo, al ser tan impactante, me fue difícil hacerle caso a mi intuición, para emprender un nuevo camino. Hubo de pasar largo tiempo, años de confusión y terribles dudas provenientes de los comentarios y creencias de personas que estaban cerca de mí.

La segunda me situó en el otro sendero, en la necesidad de una verdadera transformación. Tuve un *renacimiento* al estar tomando un curso de reeducación muscular. Al principio sentí que iba a volverme loca, que, finalmente, estaban apareciendo esas señales que provocaban en mi madre el comentario "¡Eres tan especial!" "Eres complicada mental" (en uno tono de impaciencia, al no poder asir mi mente ni dominar mi comportamiento).

En aquel día de mi segunda revelación tuve fuertes contracciones en el vientre y una sensación de fuerza de vida tan extraña que solamente pude decir en voz alta "¿Qué me está pasando?" ¡Ah, pero transformaciones de esa naturaleza no nos llegan sin la ayuda de la energía divina! Una de mis compañeras era vidente y me acompañó durante todo el evento. Me fue guiando para que nunca abandonara la conciencia, para que en todo momento estuviera respondiendo a la realidad, al ahora. Me preguntó "¿Qué estás sintiendo? Y mi única respuesta fue "Miedo de volverme loca". El recuerdo de aquellos comentarios hechos por mi madre vino a mi mente, sólo que ahora con una gran claridad. Comprendí que el ego de mi madre estaba dominado por sus propios miedos. Siendo una mujer de fuerte proyección Aries, tenía que estar en control, aunque en sus momentos de mayor percepción, buscara charlar conmigo sobre libros, sobre asuntos relacionados con la música y apoyara mi gusto por la semántica. Pasada una media hora, volví a la práctica de los movimientos para desbloquear zonas contracturadas en el cuerpo, y nunca más he vuelto a sentir esa ansiedad, ese temor a no ser yo misma. La transformación se había iniciado.

Olvidaba mencionar que, unos días antes, en ese mismo lugar que era la casa de una compañera del curso, mis brazos y manos se llenaron de una luz amarilla vibrante que también cubría la espalda de mi compañera con quien estaba practicando el masaje energético. La maestra no le dio importancia cuando la fui a consultar sobre ese evento insólito y continué el ejercicio muy sorprendida, pero también feliz por ese regalo inesperado. No he vuelto a ver luz en mi cuerpo.

Volviendo a mi segunda epifanía, esa transformación no fue comprendida cuando la narré. Lo único que puedo agregar es que me situaba en espacios de gran impotencia al querer comunicarme con miembros de mi familia, al empezar a hablarles de una evolución de conciencia. Hubo desprecio total hacia mi aprendizaje sobre auto sanación, nutrición, medicina natural, medicina energética, técnicas japonesas para restaurar el equilibrio corporal y emocional, técnicas para eliminar traumas. Lo que para mí eran verdades contundentes, para mi familia y algunas amistades, resultaban pasatiempos sin importancia, nada que pudiera etiquetarse como "científico".

Fue necesario un evento que casi me causa la muerte, para que mi espíritu se abriera a esa luz, a esa sabiduría, y pudiera yo entender la verdadera, la única razón por la cual estoy viviendo una experiencia física, siendo un ser espiritual que eligió aprender, o quizás debiera decir, recordar.

Tras años de padecer una crisis financiera, de mal comer, de sentirme desilusionada por la ausencia de una comunicación abierta y espontánea con personas próximas a mí, mi cuerpo se rindió ante una anemia perniciosa. Salí de esa situación sintiéndome agradecida por lo que ahora albergaba mi alma. Mi espíritu recibió la tan deseada fortaleza.

Conforme fueron pasando las semanas de mi recuperación, no sólo la gran dosis de vitamina B12 me levantó, algo en mi interior me alentaba a seguir avanzando. Mis ideas eran claras, surgieron nuevos proyectos, fui sintiendo un mayor convencimiento de que los avisos en mi vida habían sido señales del universo para hacerme vibrar en la dirección correcta.

No hay duda ahora que, siendo solitaria por naturaleza, mi amor por descubrir la fuerza de las emociones y mi sentido de observación respecto de cómo reaccionamos los seres humanos, me impulsan a escribir para tener mayor claridad de pensamiento; sobre todo, para compartir con otros las bellezas que he descubierto. Conozco mis habilidades y confío en mis conocimientos. Considero que fui adquiriendo sabiduría, y la pongo al servicio de mis congéneres, porque he sido capaz de auto sanarme en diversas ocasiones. Todavía hay cosas que anhelo y ahora sé que siendo fiel a mí misma, esos anhelos están listos para ser manifestados. Por encima de todo, agradezco infinitamente todas las enseñanzas. Haber trabajado internamente para aliviar aspectos limitantes de mi ego me ha llevado a gozar los regalos que la vida ofrece,

CAPÍTULO DOS

LA SALUD CORPORAL

"La enfermedad empieza en la conciencia".
Wesley Burwell

Deseo poner énfasis en el hecho de estar sanos para hacer que las cosas buenas aparezcan en nuestra vida. Para estar sanos se necesitan dos ingredientes fundamentales: a) estar bien alimentados y b) nutrir adecuadamente nuestras emociones, es decir, activar nuestras habilidades mentales no sólo para aprender, también para crear. Si no creemos en nuestra condición de seres privilegiados, al tener un espíritu y una voluntad propia (libre albedrío), nuestra vida se reduce a comer, procrear y dormir.

Desde hace algunas décadas, el interés tanto de científicos como de médicos alópatas y naturistas, acompañados por grupos o individuos conscientes del daño que se estaba haciendo, ha marcado una tendencia a la recuperación de una alimentación sana. Estos individuos establecieron que los seres humanos debemos cultivar la tierra como se hizo durante siglos, y esa técnica de cultivo es, ni más ni menos, la agricultura orgánica, sólo que esa palabra no se utilizaba en el pasado.

La población mundial ha sufrido los embates de la 'agricultura moderna', entendiendo ésta como la discutible ciencia de cultivos manejados a base de maquinaria que destruye mucha de la vida salvaje (pequeñas aves que anidan en los campos, conejos y multitud de insectos), aunada al uso de pesticidas. La creencia nació de una insistente publicidad que pretendía eliminar la maleza y las plagas. En tiempos pasados la maleza o las plagas se controlaban de manera rústica y natural, sin dañar al medio ambiente. Es más, la maleza se dejaba en ocasiones porque esas hierbas eran el hábitat de insectos y algunas alimañas que de no estar ahí, irían tras los cultivos. Dejarlas en los campos era una forma de protegerlos. Así, todo este minúsculo mundo podía tener acceso a sus necesidades básicas. Al surgir la agricultura moderna, que requería cultivar miles de hectáreas, los agricultores debieron tomar decisiones drásticas para salvaguardar cosechas tan enormes.

A últimas fechas, grandes empresas transnacionales, en su mayoría norteamericanas, han ocasionado la muerte de cientos de individuos por el uso de pesticidas. Y por si fuera poco, las más importantes (en términos de poder) decidieron que las semillas endémicas, las semillas silvestres que los campesinos habían utilizado desde el inicio de las tribus y poblaciones estacionarias, que crearon el cultivo de la tierra para generar una alimentación constante, esas semillas fueron confiscadas por empresas millonarias y las remplazaron con semillas genéticamente modificadas.

Cuando me enteré, hace más de dos décadas, que Monsanto estaba incautando en México semillas de maíz endémicas, y convenciendo a los campesinos de usar sus semillas, quedé estupefacta. Nunca pude entender por qué el gobierno mexicano no puso un alto y defendió nuestra herencia alimentaria. Monsanto y otras empresas siguieron enriqueciéndose y conquistando país tras país, sin importarles que la gente en el campo muriera al estar manejando químicos tóxicos. En la actualidad la mayoría de los cultivos de vegetales utilizan semillas transgénicas.

Con enorme tristeza he visto (y comprobado al comerlo) que el maíz no sabe igual que antes, que el arroz tiene una textura diferente, que las papas silvestres han desaparecido y que las variedades que teníamos ya no existen. Nunca tuvimos en México el prodigio de papas que tiene Perú, el país que, a través de la conquista de los españoles, surtió a latinoamérica y a Europa con más de setenta variedades. En México han desaparecido – hasta donde me ha llevado mi investigación- por lo menos cinco tipos diferentes de papas, sin contar las silvestres. En Perú los campesinos hablan de una pérdida de más de veinte variedades. En un documental que tuve la suerte de presenciar, la extraordinaria aldeana mostraba grandes montones de papas que estaba seleccionando para usar como semilla el siguiente año. Su sabiduría era extraordinaria pues mostró más de cuarenta variedades, dando su nombre y uso a cada una de ellas. Las había para comer crudas, para hervir, para freír o para usar en rituales sagrados. ¿Cómo es posible que se hayan llegado a cambiar las tradiciones nutricionales y existenciales de poblaciones indígenas tan diversas como las que tenemos en el continente americano, desde Canadá hasta Tierra del

Fuego? Este ha sido uno de los mayores crímenes perpetrados contra la humanidad.

Es por todo lo anterior que insisto en que los habitantes de ciudades como el Distrito Federal, que ha sido mi lugar permanente desde que nací, acepten la gran verdad que se presenta ante nosotros como una sombra, y esta es que los alimentos no tienen el valor nutricional de antaño, que es preciso contrarrestar la poca presencia de vitaminas y minerales en los productos que llegan a los supermercados cultivando nuestros propios alimentos, en la medida en que nos sea posible. Aunque la gente viva en un apartamento, pueden obtener algunas variedades de legumbres como son jitomates, ejotes, ajos, zanahorias, rabanitos y hasta lechugas en pequeños recipientes (macetas) si cuentan con algunas horas de sol a través de las ventanas. Mejor aún, si tienen un pequeño balcón, como el mío, en donde puedo obtener hasta papas, chiles, hierbas de olor y berro (cresón) en pequeños contenedores.

Para mantener nuestro intestino sano y limpio, que es requisito *sine qua non* para una perfecta conexión con nuestro cerebro, es preciso nutrir nuestro microbioma. En otras palabras, la población de bacterias buenas en el intestino debe estar equilibrada para que la presencia de bacterias nocivas no cause enfermedades. Para lograr este equilibrio es fundamental comer alimentos como el yogurt o kefir (bacilos búlgaros o tibicos) y verduras fermentadas. La col fermentada, integrante del delicioso platillo alemán llamado *sauerkraut* o choucroute (en Francia), es excelente para mantener al intestino funcionando normalmente. Cualquier fruta o verdura fermentada hará la misma función y es por ello que, por ejemplo, los habitantes de Japón, suelen servir pequeñas porciones de legumbres y frutas fermentadas con cada alimento. Esta costumbre se está expandiendo y ahora podemos ver cómo los mejores especialistas e investigadores en nutrición recomiendan la ingesta de alimentos fermentados, y sugieren preparar estos alimentos en casa.

Para asegurarnos de tener una flora intestinal saludable también podemos tomar suplementos probióticos. Sugiero buscar la mejor fórmula que contenga más de cuatro bacilos lácteos como sería el *Lactobacillus acidophilus, Bifidobacterium, Casei, Rhamnosus, Lactobacillus bulgaricus y otros.*

Investigaciones recientes han establecido que el intestino es considerado como nuestro *segundo cerebro* y que los mensajes que envían las neuronas intestinales a las neuronas del cerebro primario son fundamentales para mantener todos nuestros sistemas funcionando eficazmente. Si hay fallas en esta sinapsis, en esta conexión vital, el sistema inmunológico se deteriora, ocurre una inflamación celular y al poco tiempo, aparecen las enfermedades. Uno de los grandes problemas que padece la mayor parte de la población mundial es la inflamación celular, que puede existir durante largo tiempo sin que el individuo se percate, hasta que es demasiado tarde porque sufre de enfermedades crónicas difíciles de erradicar. Por ello, debemos procurar mantener sano nuestro cuerpo, empezando por una alimentación natural, libre de químicos como los que se añaden a los productos procesados. Volver a una alimentación natural, a base de ingredientes orgánicos, no es tan difícil como piensan algunos, es cuestión de costumbre, de organizar un nuevo estilo de vida para alejarnos de enfermedades. La salud corporal siempre va acompañada de una salud mental, y ésta es la mejor condición para vivir sin estrés, sin angustia. Tener salud nos conduce a una existencia llena de realizaciones. No hay como vivir en armonía, es entonces que tenemos la fuerza para que lo que más deseamos se manifieste.

Atraemos a la enfermedad porque es algo que existe, que nos ataca inesperadamente como algo traído por la mala suerte, por un karma, o como le quieras llamar... le damos muchos nombres. Quizá esa enfermedad está ahí porque no merecemos nada mejor, y sin darnos cuenta pedimos más de eso porque es lo más real, es tangible, y nos educaron para creer en lo que ven nuestros ojos, no en lo que percibe nuestra intuición, no lo que nos dicta nuestra conciencia, no lo que pudiera parecernos lógico, natural y luminoso como es la salud. Primero tenemos que quitar los velos a las creencias limitantes, sanar nuestras emociones. Luego, nuestro físico sanaría por sí solo.

CAPÍTULO TRES

EVOLUCIÓN DE LA CONCIENCIA

El maestro dijo a su alumno: ¿Quieres tener la razón... o ser feliz?

Lo que se nos pide en estos tiempos de cambio es dejar el control para confiar plenamente en nosotros mismos y en los demás.

Hoy, más que nunca, lo fundamental es evolucionar. Puedes ser cristiano o budista, amar el shintoismo, las enseñanzas del Corán o elegir ser panteísta. Lo esencial es abrirte a una amplitud de conciencia, para liberarte de la necia e inútil carga de emociones limitantes. Al hacerlo, vivirás en la serenidad, en la compasión. Que tuya sea la dicha de apreciar la belleza, porque entonces comprenderás lo absurdo que es quedarte en el dolor o rumiar sobre eventos del pasado que son inamovibles o vivir ansioso por cosas que todavía no suceden y preocuparte al imaginar que podrían ser ciertas. Si aceptas crecer en conciencia, gozarás de una dulce serenidad. Esta condición te aporta siempre la mayor creatividad. Cuando eres creativo, cuando eres agradecido, guiado siempre por la energía del amor, lo bueno sucede.

En otras palabras. Existen individuos que, conociendo sus fallas, (porque, a decir verdad, todos nos conocemos íntimamente; no es cierto eso de "vivir engañados", no,.. sabemos muy bien de lo que somos capaces, ahora que, reconocerlo, ese es otro cantar) es decir, hay personas quienes, por ejemplo, nunca pusieron atención a la lectura; que decidieron dedicarse a unos cuantos temas que les eran fáciles de comprender, y sin embargo, pretenden dominar cualquier escollo con lo reducido de sus conocimientos. Se aprende todos los días, esa es una de las grandes verdades. Si no quieres poner atención a lo que sucede alrededor tuyo, entonces te estás perdiendo de la mayor vivencia que jamás tendrás y esa es: conectarte con Todo Lo Que Es, estar en la sabiduría de la Creación, porque eso es lo que eres, una parte importante, valiosa, divina, de la

Fuente. Si no practicas el arte de observar, en algún momento percibirás el sabor del fracaso. Lo único que puede alejarnos del fracaso es nuestra mente. ¿De qué manera tu mente reacciona al fracaso? Una vez que estás convencido de que vas a fallar, la mente no cambiará esa realidad. Manda órdenes a tu mente para que esté en la energía del éxito y eso es lo que recibirás como respuesta.

Los temas que escoges, para evitar una relación profunda con tu Yo superior, pueden ser algunos espectáculos públicos en los que te conviertes en fanático, o ser muy simpático para contar el chiste de moda, o poder presumir con las mejores ropas, o haber visto todas las películas de la cartelera, o haber comido en los mejores restoranes. Los que no quieren descubrir la *intimidad* (*) en cualquier relación o en ellos mismos, suelen comentar las noticias, sin poner mucha atención a los descubrimientos científicos más recientes o a los esfuerzos que cientos de personas hacen para ayudar a los más necesitados. Para mí, no encontrar un momento en el día para darme el placer de una lectura significa una enorme pérdida de tiempo.

(*) Aquí me refiero a un sutil estudio que hizo mi querido amigo, Michael Brown, perceptivo escritor sudafricano, quien, en su juego de palabras preferido, explicó lo que significa para él la palabra *intimacy*. Trataré de desmenuzar este vocablo como él lo hizo: *Intimacy* se traduce en "Into Me and See", que en español sería: "Dentro de mí, para poder ver." En otras palabras, "Si quiero conocerme íntimamente es preciso ir hacia mi interior para saber quien soy y por qué soy." Lo mismo vale para cualquier relación... "Si quieres conocerme íntimamente elige ver qué sucede en mi interior." Esa es la verdadera intimidad en las relaciones.

Y para dar mayor claridad a este punto me permito citar al Dr. Wayne Dyer: *"Todos necesitamos un período de paz, para reflexionar y descubrir. Nos dejamos capturar por nuestras agendas diarias, por nuestras preocupaciones, nuestros miedos y todo lo demás que nuestro mundo, tan lleno de distracciones y aceleramientos contiene, y no escuchamos a nuestras almas cuando nos piden a gritos un poco de atención. Las experiencias que nos ayudan a acercarnos a nuestro Yo Superior, a nuestro centro espiritual, con frecuencia tienen que ser buscadas. Podemos tomar las medidas necesarias para refrescar nuestro espíritu, al mantener una práctica de meditación, al interactuar con el mundo natural, al enfocarnos en el amor y la compasión, sintiendo gratitud, observando en nuestro interior el llamado que nuestra Fuente Divina ha colocado en cada uno de nosotros."*

En otras palabras, este es el momento en la historia del hombre en el que resulta imperioso ampliar nuestra conciencia. Existen muchas señales que nos invitan a evolucionar. Nuestra presencia en este mundo es para gozar de todas las bellezas y ser felices, pero también aceptar que se trata de un camino de aprendizaje.

Algunas personas a quienes he hablado del tema de la conciencia me dicen *"Pero, si yo tengo conciencia, no faltaba más"*. Por supuesto que sí, pero se trata de observar lo que está sucediendo en nuestro planeta y ser más tolerantes, más humildes, ayudar a los desvalidos en proyectos más precisos, en donde nos involucremos, convencidos de que podemos mostrar amor y compasión.

Vas a comprender todo fácilmente cuando practiques estar en calma, cuando empieces a tener largas conversaciones con tu Yo íntimo, tu Yo Superior. Ampliar la conciencia es igual a evolucionar, a abandonar el estado casi autómata que nuestras creencias limitantes nos han obligado a tener.

Del libro *The Power of Infinite Love and Gratitude* del Dr. Darren R. Weissman (*Un viaje evolutivo hacia el despertar de tu espíritu*) …

"Las emociones transforman la energía; la energía crea el movimiento; el movimiento es cambio, y el cambio es la esencia de la vida."

Al parecer, nunca antes habíamos sido testigos de situaciones tan caóticas como las que estamos viviendo ahora, porque todavía hay muchos miles de millones de seres en este planeta que se resisten a hacer el cambio hacia una mayor evolución espiritual. Existe gran confusión y, en prácticamente todos los países, parte de sus poblaciones deambulan como si estuvieran dentro de un laberinto. No saben a dónde van ni por qué están ahí. Muchos dicen que el mundo está convulsionado, pero cuando llega una crisis, ese es el momento en el que la humanidad despierta y evoluciona a otro nivel de conciencia.

La clave es salirnos de nuestros propios juicios y nuestras creencias acerca de lo que se puede o no se puede lograr, de lo que es posible o no, y permitir que se abra en nuestras vidas la simplicidad de una de las principales leyes del universo –La Ley de Causa y Efecto- por ende, tú creas tu propia realidad... lo que piensas es lo que se manifiesta... así, si dejamos de juzgar, si permitimos que en nuestra mente resida la paz y la energía divina, entonces el mal, la enfermedad, la tristeza o el miedo desaparecen, y en su lugar podemos disfrutar la dicha de estar vivos, la seguridad de estar conectados con esa energía.

"Tenemos la tendencia de experimentar en la vida lo que identificamos con nuestras creencias." Gregg Braden

En otras palabras, podemos aceptar la premisa que habla de "la sanación de la creencia... o cómo reescribir el código de tu realidad."

CAPÍTULO CUATRO

CUANDO ACEPTAMOS QUE NUESTRA INTUICIÓN NOS HA ESTADO DICIENDO LA VERDAD

Los cambios se han venido anunciando desde hace tres o cuatro décadas. Algunos hemos recibido mensajes a este respecto simplemente porque hemos estado abiertos a la imparable transformación de las energías tanto planetarias como del ser humano. Aquellos estudiosos que pasaron largas horas observando cómo se iban manifestando las frecuencias vibratorias, dejaron muy claro cuál es el camino a seguir. Un buen ejemplo fue John S. Bell (físico cuántico 1928-1990) quien escribió:

"La nueva forma de ver las cosas evolucionará en un salto imaginativo que nos dejará pasmados."

Puedo asegurar que, en efecto, el salto al vacío que di en cada una de las vivencias que tuve al abrirme a un nuevo conocimiento supuso una revelación comparable a lo que describió el filósofo Ram Dass:

"Veo mi vida como una serie de oportunidades que se están desenvolviendo para despertarme."

Me permito agregar las palabras de Gregg Braden: *"Para cambiar las limitaciones de nuestro pasado personal nuestra mente necesita una razón para modificar lo que creemos... y que ésta sea en verdad una muy buena razón. La historia está llena de ejemplos de creencias que fueron profundamente arraigadas por cientos y hasta miles de años, y luego cambiaron de la noche a la mañana. La historia también describe lo que sucede cuando las sempiternas ideas que sostenían esas creencias son remplazadas por algo tan radical que de pronto todo un punto de vista mundial tropieza y se desploma. Algunas veces los cambios son pequeños, al parecer insignificantes y en ocasiones son tan grandes que por siempre transforman la manera en la que pensamos acerca de nosotros y del universo."*

Estos pequeños cambios insignificantes pueden darnos un vuelco para situarnos, precisamente, en el instante del mayor cambio en nuestras vidas. Puedo nombrar algunas instancias en las que esos cambios fueron cruciales para mí, porque me llenaron de la más perfecta tibieza jamás sentida. y la confirmación de que no estoy sola, que soy poseedora de una gran fuerza y que todo a mi derredor me sonríe, que todo es perfecto y que soy parte del Todo, que no hay separación, y es lo que distintas mentes definieron en estos últimos tiempos: todo está aquí y todos somos Uno.

Una tarde, hace varias décadas, sola en mi pequeña oficina de Telesistema Mexicano (ahora Televisa) escribía a máquina transcribiendo algunos dictados de mi jefe cuando, en el siguiente instante, todo cambio. Sentí la presencia de una energía desconocida. Miré mis manos, la máquina de escribir, el archivero, la luz en el techo, ¡qué extraño! Todo parecía haber cambiado y, sin embargo, todo estaba igual… salvo mi interior. La tarde transcurría igual. Todo estaba en el mismo lugar, pero en mi había ocurrido una transformación. Fue una pequeña luz cuya misión era guiarme por otro camino; me invitaba a estar atenta a lo que mis ojos observaban, atenta a las percepciones en mi interior. Me invitaba a salir de las estructuras sociales. Me decía que era libre. Supe entonces que puedo aceptar lo que se está revelando frente a mis ojos; aceptar que estoy protegida y, algo contundente, que mis sentimientos no están equivocados. Desde ese momento hube de prestar mucha atención a lo que decía, porque la mayoría de las personas cercanas a mí se extrañaban de lo que hablaba. Inicié un camino difícil, el camino del cambio, de la reflexión y, debo confesar, estuve confundida por un tiempo, porque mi madre ya no me entendía. Esa fue mi primera epifanía.

Luego, recibí un magnífico regalo al subir los primeros bloques de la pirámide de Guiza y sentarme para contemplar todo lo que podían abarcar mis ojos. Uno de mis compañeros de viaje me tomó una foto. Cuando la revelaron (era una cámara con material fílmico, no como las modernas) y vi mi rostro, quedé sorprendida... la paz que irradiaba era sorprendente, no se trataba de una foto como tantas otras, en donde una se siente obligada a sonreír... de la imagen se desprendía una gran confianza, una extraña placidez; puedo decir que estuve en perfecta armonía con todo, mi rostro hablaba de un profundo agradecimiento. Todos los días suceden milagros, hechos de increíble belleza, que nos acercan al corazón bondadoso de otros seres, que nos hablan del inigualable esplendor del universo.

Y si todavía, al leer este capítulo, insistes en que no hay ninguna necesidad de cambiar tu *modus operandi* o tu *persona*, reflexiona sobre lo que William James escribió a principios del siglo XX:

"El mundo que vemos, que parece ser tan loco, es el resultado de un sistema de creencias que no está funcionando."

Durante mis lecturas, a través de las últimas cuatro décadas, he quedado sorprendida ante la similitud de mis percepciones *versus* lo que una larga lista de autores dedicados a la psicología, al estudio de las emociones, a la reflexión sobre nuestra presencia aquí en la Tierra y a la disposición de vivir en armonía con la Naturaleza, han escrito. No han sido pocas las veces en las que, con una sonrisa franca, he disfrutado la forma en la que ellas y ellos se expresan al analizar y honrar el espíritu humano, y su capacidad para ser felices y mantenerse sanos. Por todo ello, me he permitido incluir en este libro fragmentos de sus conversaciones y sus libros. Hago esto porque leer o escuchar a otra persona expresar exactamente lo que he sentido en repetidas ocasiones, respecto de las grandes verdades de la existencia humana, y de su encuentro con la energía más pura que nos rodea, constituyó la más dulce confirmación a la veracidad de mis percepciones.

El siguiente texto de Gregg Braden resume mi pensamiento más profundo acerca de la capacidad que tenemos los seres humanos para transformarnos a través del aprendizaje, aceptando un crecimiento espiritual que nos están pidiendo con más y más fuerza estos tiempos de cambio.

"Si el mundo que 'parece tan loco' está basado en nuestras percepciones, entonces ¿por qué es tan difícil para nosotros cambiar las cosas que no funcionan? ¿De qué manera podemos reescribir nuestras creencias para que reflejen nuestros amores más profundos, nuestros deseos más sinceros y nuestros medios más poderosos de sanación?"

Como dije antes, nuestra actividad más importante en estos momentos, en este siglo XXI, es evolucionar, y esa evolución es de conciencia, es espiritual. Se trata de una profunda transformación en la que se sitúa, con gran claridad, la sugerencia de dejar a un lado el materialismo y la lucha por el control de todo lo que ciertos individuos han creído básico en sus vidas, como son el petróleo, el oro, los alimentos o la economía. El cambio también tendrá que ocurrir en la mente de los que detentan el poder, porque es

imperioso ser humildes, ayudar siempre y respetar
a profundis los derechos de todo ser vivo. También
se trata de mantenernos sanos comiendo lo que la
naturaleza nos da cuando la tratamos con respeto
y protegemos la salud de sus campos, de nuestros
cultivos, cuando mantenemos un equilibrio entre
plantas curativas, frutas, legumbres y cereales, junto
con las aves y los insectos que hacen posible todo un
ecosistema perfectamente balanceado.

La evolución tiene que ver con ser compasivos
y generosos. Al ser más espirituales (y no hablo de
religiones) todo el panorama cambia y nos damos
cuenta que nuestro diario vivir ya no está colmado
de nerviosismo, de temores, de envidia o de
apresuramientos (se elimina el 'no tengo tiempo para
nada').

*"Mira algo que quieres con todas tus ganas y luego
disfruta lo que ese momento te trajo."* Abraham, a
través de Esther Hicks

Al estar convencidos y buscar el camino evolutivo,
si decidimos que sería interesante incursionar
en la meditación y lo hacemos con disciplina,
pronto veremos que las cosas buenas empiezan a
aparecer. Se resuelven situaciones que habíamos
pensado imposibles; nuestra salud mejora; podemos

sonreír con más facilidad porque las cosas simples nos complacen. Tenemos energía para nuevas actividades; nuestra creatividad empieza a crecer y hasta nos sorprendemos por las ideas que en algún momento pensamos descabelladas, sólo que ahora tienen sentido.

En palabras de un maestro: "Cuando una persona alcanza ese alto nivel de conciencia es cuando disfruta el aroma del perdón." ¿Qué significa esto, por qué hablar del perdón? Resulta totalmente lógico y preciso porque, en ese estado, llegamos a perdonarnos todo el dolor causado por eventos traumatizantes recientes o del pasado. Luego, el perdón viaja hacia miembros de nuestra familia, amigos y personas que pudieron llegar brevemente a nuestra vida, y surge una luz compasiva dentro de nosotros que nos invita a perdonar y a perdonarnos cualquier ofensa o daño. Vivir cada día no sólo es más fácil, nos entusiasma lo que pueda suceder a partir del momento en el que despertamos.

CAPÍTULO CINCO

EL MIEDO

El miedo no sólo paraliza, pone un velo en tus ojos.

"Si supieras quien camina a tu lado en el sendero que has elegido, el miedo no sería posible." Un Curso de Milagros

El miedo, una de las emociones más lacerantes y destructivas, puede ser combatido si elegimos escuchar a nuestro corazón. Dicho en otras palabras, si tomamos la decisión de ir hasta lo más profundo de nuestro ser, para encontrarnos con nuestra conciencia y nuestra intuición, entonces tendremos las herramientas necesarias para eliminar el miedo, esa presencia que nos ronda si elegimos hacernos amiga de ella. Porque, quien tú eres tiene las mismas cualidades del Origen, así que eres tan valioso como que eres parte del Todo. Si crees sinceramente que eres parte integral del Creador, entonces nunca podrás negar que tienes todo tipo de capacidades.

Con frecuencia estamos cerca de personas que defienden su verdad *como gato boca arriba*. Podemos apreciar una cierta agitación, tras ese impulso que les pide enarbolar su opinión por encima de cualquier situación. Se trata de individuos que muestran, para aquel que quiere dialogar, para el que ya tiene la capacidad de observar y apaciguar, una terquedad que nace del miedo, miedo a no tener la razón, miedo a verse despojados de los escudos que en muchas ocasiones les han dado la victoria, miedo a ser tachados de ignorantes, porque si aparece una gran verdad, entonces tendrán que aceptar que estaban equivocados. Esto es inaceptable, de ningún modo van a verse expuestos y ser motivo de burla o desdén. Ese miedo se alimenta de una negación a la existencia de mil y una formas de vivir de otra manera, que es, vivir en libertad. Ser libres significa haber eliminado todo aquello que los abrumaba, poder revelar la dicha de no estar atados a ningún tipo de tensión, estar dispuestos a practicar la paciencia y la tolerancia.

El miedo puede manifestarse en diversas y sorprendentes formas, por ejemplo, las personas que tienen miedo de ir al baño por las noches, o que piensan constantemente en todo lo malo que les puede suceder a ellas o a sus hijos. Miedo a no tener suficiente dinero. Miedo a no tener éxito en la vida. Una de las manifestaciones clásicas del miedo -no reconocido por lo sutil que resulta- es el miedo a perder control. Son miles las personas que defienden su verdad, su creencia, y discuten hasta la exaltación algún tema que podría ser tratado con serenidad... porque siempre hay opciones. La opción de que tengan la razón, pero también la opción de que la otra persona tenga un conocimiento que el primero, el que discute, descarta como falso, tratando al prójimo, al vecino, al familiar o el que esté en turno, como ignorante. Lo más penoso es que, el que discute acaloradamente tacha al otro de torpe o de no tener derecho a hacer ningún tipo de comentarios porque no tiene un título universitario que mostrar, o porque, en la familia del iracundo, siempre se ha sostenido que ciertos nuevos conceptos (fuera de la profesión que ellos manejan) son algo infernal, cosa de brujos o farsantes.

Este es el miedo clásico a perder terreno, a perder dominio, a correr el riesgo de estar equivocado y, entonces, ser objeto de críticas, ser derrocado de ese lugar de mérito. Bien lo dice el dicho "el enojo proviene del miedo". Con frecuencia, esos temerosos tienen explosiones de ira, pero no saben que esa emoción surgió del miedo a verse frente a una verdad tan grande que los humillaría; tendrían que reconocer que estaban equivocados. Y eso... ¡nunca! Jamás darán su brazo a torcer. Su ego, su necesidad de controlar al otro, mantiene esa terca posición. Es debido a esta reacción que muchos maestros que han meditado por años, preguntan a sus alumnos: ¿Quieres tener razón... o ser feliz? En otras palabras, cuando eres feliz, cuando la vida transcurre en la serenidad, no necesitas mostrar que tienes la razón, las cosas se dan con naturalidad, no existe la discusión. Lo anterior te será muy útil cuando te veas en medio de un incómodo alegato... ¿estás dispuesto a sacrificar tu propia felicidad personal sólo para que tu ego esté satisfecho de haber tenido la razón?

Para poder integrar el miedo a ser auténticos, podemos empezar por determinar cuáles son nuestros temores. Estos nacen de cualquier anhelo de perfección para ser aceptados. Estos miedos son los que nos hacen sentirnos inadecuados, menos que otros. Una buena solución es tomarnos unos minutos de reflexión para preguntar a nuestra conciencia la forma en que podemos resolver esos miedos.

Será nuestra intuición la que nos responda, quizá al cabo de unos instantes, quizá al día siguiente. No hay que cejar. Una vez que entendamos cuáles son nuestros temores, el siguiente paso es expresarlos verbalmente. Hacerlo constituirá el camino seguro hacia la disolución del poder que han ejercido sobre nosotros, porque ahora ya no están escondidos.

La gran sorpresa llegará cuando de nuestros labios salga un sonoro: "Tengo miedo de..." Y digo sorpresa porque nos daremos cuenta que todavía seguimos en el mismo lugar. No cayó un rayo fulminante, no se nos doblaron las piernas, no nos convertimos en una lagartija. Estamos completos. La única novedad es que de nuestro pecho ha salido un suspiro balsámico. Nuestro niño interno está feliz al haber sido liberado de tan horrible carga. Ahora sabe que podemos ir por la vida él y yo, en apoyo mutuo, dispuestos a ser verdaderamente felices.

Ser auténtico no es algo que sucede de la noche a la mañana, se trata de un proceso que nos llevará a descubrir cada incertidumbre y a disolverla. En el momento en que desaparezca nos sentiremos más fuertes y más compasivos con los demás. Será importante no dejar ninguna piedra sin revisar. Deben ser inspeccionadas todas las cavernas. Nuestra intuición nos va a ayudar a hacer un buen trabajo interno, porque ella sabe que al crecer abriremos las puertas de la verdadera amistad, de la confianza y la dicha. Estos son los valores reales. Entenderlos y compartirlos debe ser nuestra meta. Es para esto que estamos vivos.

CAPÍTULO SEIS

SER FLEXIBLE PARA QUE SE MANIFIESTE LO QUE TANTO DESEAS

He tenido la fortuna de asistir a varios seminarios sobre las emociones negativas y cómo liberarnos de ellas, para gozar de una vida feliz. En algunos de estos cursos escuché estas mismas palabras: *Si pudieras verte en el espejo y contemplarte tal como eres, te darías cuenta que eres extraordinaria, eres un ser magnífico, amable y con una enorme capacidad para amar.*

Los maestros, convencidos, nos decían: '*Debes ser tú misma, apreciar claramente quien tú eres. Puedes darte permiso para atesorar tu perfecta magnificencia. Ser extraordinaria significa estar despierta, alejada del mundo de los sueños. Te recordamos que eres una porción de la conciencia divina, y estás presente en este fugaz instante que es tu vida física. En ese estado de absoluta conciencia, cuando te aceptas como eres, entonces surge el amor y es cuando te alejas de toda forma de pensamiento, porque las estructuras del pensamiento te atan a lo mundano y opacan la presencia del espíritu.'*

Se trata de cambiar la rigidez por la suavidad.

Conozco personas cuyo pensamiento está circunscrito a una serie de emociones basadas en creencias familiares, en sistemas de pensamiento formulados por la sociedad en la que viven. Ni siquiera piensan que podrían salir de ese espacio tan reducido que les impide ver la vastedad de posibilidades que existe en la belleza del mundo vibracional, en la calma que irradian las flores, en ser humildes.

Las emociones negativas no nos permiten atraer las Leyes del Universo. Ciertamente, la Ley de Atracción solamente funciona cuando estamos abiertos al cambio, cuando tenemos la confianza de que todo saldrá bien, porque ya está en armonía. Cuando estamos pensando, anhelando, insistiendo en que suceda algo que nos interesa nos cegamos y entonces las cosas se bloquean, no avanzan. Pero, cuando soltamos ese ímpetu ansioso y repetitivo, todo lo bueno que esperábamos entra en sincronía.

Si tienes alguna incomodidad por estar sufriendo una emoción negativa, encuentra un lugar que te agrade (ya sea físico o que visualices en tu mente) y mantén tu atención en ese lugar hasta que recuperes la calma, hasta que te sientas cómodo y en paz.

CAPÍTULO SIETE

LA FUERZA DE LA INTENCIÓN

Wayne W. Dyer escribe *"...todas las tormentas que me han golpeado con fuerza en mi vida me dieron la oportunidad de aprender algo, y entonces, regresar al camino de la profunda y sempiterna conexión con Dios."*

Dyer narra que cuando leyó el libro de Carlos Castaneda *El Poder del Silencio,* uno de los párrafos de este libro lo guardó en un pedazo de papel cubierto con mica que llevó junto a él durante mucho tiempo. El párrafo dice: "En el universo existe una inconmensurable, una indescriptible fuerza a la que los hechiceros llaman *el poder de la intención,* y absolutamente todo lo que existe en el cosmos está apegado a la intención a través de un eslabón conector." Y continúa Dyer... *"Estoy fascinado por la idea de que la intención no es algo que hacemos, sino más bien es una energía a la que todos estamos conectados."*

Por lo tanto, no es que vayamos a tener la intención de hacer algo, lo absolutamente preciso y cierto es que siempre hemos estado conectados a esta fuente de energía, y lo que ocurre es que nuestra vibración permite que lo que deseamos o pensamos se manifieste.

Nuestra intención es el motor que nos ayuda a hacer el viaje hacia cualquier meta. Cualquier proyecto inicia con una intención y lo que nos mantiene en movimiento es la confianza de que eso que pensamos y deseamos tiene todas las posibilidades de hacerse realidad.

El proceso de vivir es uno que aporta cambios constantes. Si nos mantenemos atentos al proceso del cambio, estamos en armonía con Todo Lo Que Es. Piensa en las plantas, nunca están en conflicto con la naturaleza; no luchan contra los elementos, aprovechan el vaivén de los tiempos y se adecuan al cambio. Nuestro problema es que no reconocemos la naturaleza cambiante de la realidad. El estrés y la ansiedad que experimentamos no son otra cosa que una enseñanza; nos invitan a dar fin al conflicto entre nuestra mente y la capacidad que tenemos de fluir dentro de la pureza de nuestro Yo Superior.

Cuando nuestra mente se encuentra en desequilibrio esto se debe a la forma en la que nos identificamos con ella; damos la impresión de estar separados. El gran problema proviene al querer estar en control. Esto es producto de la inconsciencia, y la inconsciencia, sabemos, vive en el descontrol, mientras que crecer en conciencia nos lleva a la armonía. En cualquier momento del día tenemos la posibilidad de estar en armonía. No tenemos que crearla porque ya está en nuestro interior, se trata de recordar que tenemos la capacidad de reunir nuestra fuerza interior y actuar en concordancia. Todos podemos ver que, estar en armonía, nos mantiene felices.

Nuestra intención representa una fuerza insospechada. Por lo general no estamos conscientes de todas las veces en las que nuestra intención está guiando nuestro comportamiento. Todo empieza en la mente con un deseo, por ejemplo: "Quiero comer un helado". Ese pensamiento inicia una serie de actividades que van desde coger el bolso o asegurarnos que llevamos la cartera, entrar al auto, si lo tienes, o salir a caminar si la heladería está cerca.

Luego, elegir cuál sabor te apetece en ese momento. La empleada te sirve el helado y lo pagas. El siguiente paso es disfrutarlo plenamente. Tu intención se vio realizada porque tu mente dictaminó que nada iba a interponerse en tu camino. Otro ejemplo sería, quiero saludar a fulanita o fulanito. Tu intención te lleva a coger el teléfono y llamar. Si encuentras a la persona quedará realizada tu intención. No hubo nada que modificara ese deseo que tuviste de hablar con aquella persona. Nuestro día está lleno de intenciones y de realizaciones, en su mayor parte.

Pero si tu intención tiene que ver con encontrar la solución a un problema económico, un problema de salud o cualquier otra situación que no esté aportando felicidad en tu vida, lo que necesitas es revisar cuidadosamente los elementos que intervienen para que tu intención ayude a que se manifieste aquello que más deseas. En otras palabras, cuando permites ser solamente tú, no sólo atraes lo que quieres, *atraes lo que eres.* Y esto resulta muy profundo porque rara vez nos permitimos estar en la energía de lo que somos, admitir que actuamos a partir de lo más íntimo de nuestro ser, alejados de todo disfraz, despojados de esos velos que nuestro ego ha fabricado para conducirnos hacia un comportamiento que otros dictaron, y al seguir esas normas hemos sufrido una pérdida, nuestros actos nos han restado individualidad.

Autores reconocidos nos dicen: "Es preciso ser tú mismo, dejar ir, para luego, permitir. Puedes ser libre y conservar esta libertad como tu conciencia. Básicamente, lo que vemos es una frecuencia (una energía) que se manifiesta a través del proceso de dar, de permitir, de ofrecer y de servir. Esa energía no pide nada a cambio."

Nuestra intención es parte de lo que nuestro ego nos compele a hacer... tal vez es mucho más recóndito y transparente, porque es algo que proviene del Origen mismo de quien somos parte inamovible y eterna, y es esa energía del Todo la que nos guía o nos invita a mover nuestra mente y todo nuestro ser para manifestar lo que deseamos.

CAPITULO OCHO

ESTAR EN EL AHORA

"Una insaciable persecución de actividades, de hacer cosas, es la señal de que estamos huyendo de nuestro ser interno." Bizah

Muchas personas han comentado que anhelan estar *'presentes'* en sus vidas, pero que encuentran difícil permanecer ahí mismo y conscientes de ello durante todo el día. Entienden la idea de la presencia, y la experimentan por momentos, pero fácilmente son arrastradas hacia pensamientos de ansiedad. Sabemos que una cosa es querer estar presente y otra darnos cuenta de que ya no estamos creando un cúmulo de pensamientos. En otras palabras, podemos estar en el ahora siempre y cuando nuestra mente no esté activa creando pensamientos que la llevan al pasado o al futuro.

¿Cómo podemos movernos desde el estado de tener pensamientos "basura" todo el tiempo, a la otra condición, que es vivir nuestra vida en un estado despierto, consciente?

No estar en el momento actual es un estado del ser muy común en nuestros días. Está formado por el aceleramiento de lo cotidiano, provocado por los medios, por las tareas que nos imponemos (que no son otra cosa que cumplir con nuestras obligaciones y no agregar más actividades o compromisos inútiles) o por un comportamiento de inseguridad que busca llenar las horas del día con cosas que hacer para así mostrar que somos eficaces, que estamos al tanto de las necesidades de nuestra familia, que somos "buenas personas" (restos de culpa desde la infancia).

En vez de estar concentrados en esto que estamos haciendo ahora, en este preciso momento, como sería desayunar, estudiar, escuchar con atención lo que nos dice nuestra pareja o uno de nuestros hijos, o nuestro empleado, o lo que quiere narrarnos algún familiar, dejamos volar nuestra mente hacia eventos del pasado, situaciones molestas que consideramos no resueltas, o tareas que queremos terminar en el futuro. No ponemos la debida atención a lo que está sucediendo ahora, en la realidad de este instante. Si me encuentro comiendo, en solitario, puedo disfrutar esa ensalada que me preparé o que me sirvieron en el restorán, sin distracciones, saboreando cada uno de los elementos de ese platillo. Porque, si comemos en automático, nuestra digestión puede verse afectada, pero también se perderá nuestra conexión con los alimentos, que nos dan vida y energía.

CAPÍTULO NUEVE

SOMOS ENERGÍA DE LA FUENTE

Para que las cosas buenas sucedan es preciso tener la certeza de que somos parte del Origen, somos energía de la Fuente y, por tanto, tenemos la capacidad de manifestar nuestros deseos y hacer realidad nuestros más caros proyectos.

Somos seres eternos, y en este momento nos encontramos en un planeta que está evolucionando como nunca antes. Por lo tanto, para crear nuestra realidad, para vivir aquello que tanto deseamos, elegir el camino de la menor resistencia es lo esencial. Ir por el camino de la menor resistencia es lo que te ayuda a crear lo que quieres.

Me explico. Si tienes problemas con alguna de tus relaciones, si sientes incomodidad al estar con una persona, porque el intercambio de ideas claramente

te demuestra que no existe afinidad entonces...
no sigas frecuentando a esa persona, no insistas
en sostener conversaciones que siempre tendrán
un final álgido. Puedes elegir todos tus momentos
cuando se trata de estar con individuos con quienes
tienes muy poco en común. Elegir es tu derecho,
entonces, elige no pasar un mal rato. Siempre
tienes la opción de enviar a la distancia energía de
amor a esas personas, siempre puedes pedir que
en algún momento se maravillen ante una evolución
de conciencia. De eso se trata. Porque hablar de un
planeta en evolución tiene que ver con un cambio,
con la gran transformación de seres indiferentes,
ávidos de cosas materiales inútiles, seres llenos de
miedo, incapaces de reconocer que ellos, al igual que
tú, son poderosos y su mente puede comprender los
misterios de la creación. Se aferran a su sistema de
creencias y niegan que exista algo más. Se niegan a
ver (y eso me da pesar) que tienen el poder de auto
sanarse, de vivir una vida plena alejada de achaques,
de enfermedades, de sinsabores cotidianos. Todo
Lo Que Es está teniendo plena conciencia de Quien
Yo Soy... de Quien Tú Eres. Negarse a vibrar con la
energía de la Fuente es deteriorante, por eso escribí

un ensayo titulado "Se Fiel A Quien Tú Eres". Ahí está la respuesta.

Tienes la opción de elegir otro camino cuando pasas por emociones desagradables o eventos desafortunados. No quedarse en ellos es el mejor catalizador para poner orden en tu vida. Es preciso estar atentos a todo lo que nos rodea, todo lo que nos acontece, porque existen señales que nos llevarán a un singular aprendizaje, si nos permitimos observar y reflexionar. Aunque para muchas personas pensar que una desgracia es como "castigo de Dios" (y Dios no castiga, eso fue invento de fanáticos) o que simplemente tienen "mala suerte" (que tampoco es cierto porque, volvemos a la premisa que somos creadores de nuestra realidad), si elegimos ver las cosas desde otra perspectiva, los resultados serán sumamente benéficos. Sin duda, tendremos mejor salud, mejor actitud hacia la vida, más ganas de reír, una mayor comprensión por "quien yo soy", un deseo imparable de ayudar a los demás. Sabernos poderosos, como seres únicos que somos, es haber aprendido la lección. Venimos a este mundo para dos cosas: para ser felices, y para aprender, para estar atentos a las señales que recibimos. Esas señales no siempre se repiten, así que es vital ponerles atención porque, de otro modo, la oportunidad se puede perder. El punto de poder está en el presente.

Se dice que: *"El Universo es la proyección de nuestra conciencia"*. No tiene caso negar que somos parte de la Fuente, porque lo somos, y aceptar estar en la misma vibración que el universo, tener esa conexión con la inteligencia divina, es la pauta para lograr que las cosas buenas sucedan en nuestra vida.

Para decirlo de otro modo: el primer paso es confiar en ti, en tus percepciones, en tu intuición y, luego, tener la seguridad de que puedes sanar pequeñas alteraciones que se presentan cotidianamente. Si sanamos esas pequeñas molestias estaremos evitando que el problema crezca y se convierta en una enfermedad crónica, en algo que pronto podría requerir cirugía. Esto es lo que el ser humano es capaz de realizar. Por lo tanto, cada individuo tiene las herramientas necesarias para hacer que las cosas buenas sucedan.

Alguien dijo:

"La naturaleza de un diamante es brillar. No necesita nada fuera de sí para poder emitir esta luz. Lo mismo se aplica a todos nosotros."

¿Cuál es el propósito de tu vida? ¿Qué es lo que más quieres, lo que más anhelas tener presente todos los días de tu vida? ¿Crees que puedes confiar en tu intuición? ¿Te has permitido *sentir* que eres un ser espiritual que cuenta con una amplia percepción y tiene habilidades y gran potencial?

CAPÍTULO DIEZ

CUANDO SOMOS AGRADECIDOS Y COMPASIVOS ESTAMOS EN ESTADO DE GRACIA.

El maestro Mantak Chía, gran consejero nacido en Tailandia, nos invita a ser agradecidos. Podemos dar las gracias y también sonreír a nuestro cuerpo. Hace algunos años me llegó un texto del Maestro Chia titulado "La Sonrisa Interna", una técnica creada por él para el bienestar de cada uno de nosotros. A la fecha, sigo practicándola al sonreír todos los días a mis órganos, sobre todo aquellos que parecen estar débiles.

Existen tradiciones milenarias filosóficas y espirituales en China que integran prácticas como el Tai Chi Chuan, el Qi Gong o Chi Kung, el Kung Fu, y el Tao de la Curación o Tao te King. De todas ellas podemos extraer grandes beneficios y eso fue lo que sucedió cuando Mantak Chía eligió reunir numerosos libros y documentos para crear La Sonrisa Interna, la cual forma parte de ese extraordinario universo de sabiduría que nos llega de los países asiáticos.

Dar las gracias a nuestro cuerpo, a todas nuestras células, es la mejor energía que podemos desplegar porque, ser agradecido nos regala calma, nos invita a un estado de armonía con todo lo que nos rodea, con nuestras emociones, con nuestros anhelos. Ser agradecido brinda claras respuestas a aquellas dudas que rondan nuestro pensamiento y nos permite estar atentos a (como dice Abraham a través de Esther Hicks): *"¿En qué punto voy a ser consciente de lo que estoy atrayendo?"* Se trata de ser un creador. De estar alerta a lo que tu mente, tu deseo y tu inspiración solicita de la Ley de Atracción. Si quieres algo y crees firmemente en ello, ese algo se convierte en una realidad. Siempre existe una opción, no empañes tu vibración, no hagas que se tapen tus conductos vibracionales.

Si agradeces todos los días el haber sido testigo de tantas y tantas manifestaciones de la naturaleza y de la bondad de la gente, verás que tu vida se llena de colores y tu cuerpo se fortalece, se sana. No hay que hablar mucho, sólo dar las gracias en silencio. La Gracia nos llega a través del agradecimiento.

CAPÍTULO ONCE

FILOSOFÍAS CURATIVAS

Una de las más profundas filosofías que podemos aplicar a nuestra vida cotidiana lleva por nombre el Dao o Tao Te King (Lao Tsu). El movimiento del Tao consiste en *regresar,* No es volver a un sitio original, sino mantenerse en la *suavidad, estar presente en las cosas que importan.* Según Lao Tsu, las virtudes de la vida son: respeto por todo ser vivo; actuar con sinceridad, es decir, ser honesto; ser gentil, en otras palabras, ser bondadoso; y la cuarta virtud, apoyar al otro, estar al servicio de los demás, de los necesitados.

Regresar es la moción del Tao. Ser flexibles es la manera del Tao.

"Bajo el cielo todos pueden ver la belleza como belleza solamente porque existe la fealdad. Todos

pueden conocer el bien como el bien porque existe el mal. Por lo tanto, tener y no tener surgen a la par. La dificultad y la facilidad se complementan. Largo y corto contrastan uno con el otro. La voz y el sonido se armonizan conjuntamente. El frente y la espalda se siguen uno al otro. Por ende, el sabio va por ahí no haciendo nada, enseñando el arte de no hablar. Las diez mil cosas se elevan y caen sin cesar. Se trata de crear y, sin embargo, no hacerlo; trabajar y no tomar crédito por ello. El trabajo se hace y luego se olvida. Por lo tanto, dura por siempre."

Quiero contar una historia muy simple y simpática, cuyo moraleja nos dará una visión clara de cómo podemos expresar la esencia del Tao siendo libres.

Había una vez un hombre a quien le gustaba viajar por todo el mundo. Un día, al llegar a una aldea, se encontró con un hombre que llevaba su mascota: un loro que hablaba. El hombre, sorprendido y fascinado, preguntó si se trataba de un ejemplar único y el dueño le respondió que no, que tenía otro en su jardín, un poco más joven. El hombre ofreció comprar el loro más viejo pensando que estaría mejor entrenado, a lo cual, el dueño accedió. Los dos loros se despidieron haciendo gran alharaca.

El viajero, dueño de ese portento de animal, llegó a su casa y disfrutó un tiempo a su mascota. Pero poco después le avisaron que el loro más joven había muerto y la noticia fue escuchada por su loro, el cual decayó y murió a los pocos días. El hombre lo llevó de regreso a la aldea. Cuando llegó se dio cuenta que el loro joven seguía vivo y cuando su mascota lo escuchó parlotear revivió y voló al jardín. El viajero estaba sorprendido y le preguntó al hombre de la aldea qué había sucedido. El viejo aldeano le respondió: "Debemos morir para poder abandonar la jaula que nos mantiene prisioneros. Luego revivimos para ser libres."

Esta historia nos invita a reflexionar sobre ese impulso que nos hace querer controlar todas las situaciones. Los grandes maestros hablan de que es preferible alejarse de la confusión y permanecer en la humildad; cambiar la rigidez por la suavidad; aceptar las cosas como son, porque escondida en cada desventura yace la buena fortuna.

CAPÍTULO DOCE

NUESTRO CRECIMIENTO ESPIRITUAL

Un mal día para el ego es un buen día para el alma *Michael Beckwith (La Liberación Espiritual)*

En verdad, encuentro profunda la sabiduría de esta frase. Podemos pensar en un número de experiencias en nuestra vida que han sido malas para nuestro ego (vergonzosas, decepcionantes y hasta dolorosas) pero que vistas a la distancia han sido muy buenas para nuestro crecimiento y desarrollo emocional.

Con demasiada frecuencia nuestro deseo de proteger a nuestro ego -para evitar el fracaso y el bochorno- hace que nos expongamos y no hagamos lo que verdaderamente queremos hacer.

Cuando experimentamos dificultades, fracasos y retos (todos ellos normales), que nos aportan aspectos naturales de la vida, tenemos la capacidad de convertir estas "cosas malas" en oportunidades increíbles de sanación y transformación. Aunque al inicio no nos gusten (le disgustan a nuestro ego), una parte más profunda de nosotros, que es nuestro espíritu, sabe que todo sucede por una razón y que siempre hay lecciones muy importantes que aprender en cada situación.

Piensa en algunas de las cosas que te han sucedido que parecían "horribles" en aquel momento, pero que al paso del tiempo son situaciones que agradeces.

La manera más elegante, más placentera y amorosa en la que podemos crecer y evolucionar es a través de la dicha, el éxito y la gratitud. James Twyman, en su búsqueda para reunir información que le ayudara a escribir su libro El Código de Moisés, encontró las palabras que describen a Dios. Estas son *I Am That I Am* y al pronunciarlas estamos en presencia de Dios que somos nosotros. I Am That I Am se traduce al castellano como "Soy El que Soy". Wayne Dyer recomienda repetir estas palabras durante nuestra meditación. Si nuestra lengua es el español entonces diremos Yo Soy El Que Soy o simplemente Yo Soy. Pero podemos agregar algo más y ese algo es la intención que queramos aplicar. Por lo tanto, si quieres mantenerte saludable entonces dirás Yo Soy Perfecta Salud. En otro contexto dirás Yo Soy Amor, Yo soy Felicidad, Yo Soy Luz, Yo soy Paz, etcétera.

Existen infinidad de maestros que nos sugieren diversas maneras de practicar la meditación. Uno de ellos es Thich Nhat Hanh quien ha establecido varias Aldeas del Ciruelo (Plum Village) en distintos países y mantiene su sede en Francia. El maestro nos pide poner atención a nuestra respiración mientras toca la campana de Plum Village. Se trata de un sonido grave, pero con un dejo cantarín que escuchamos cada tantos segundos, para volver únicamente a la presencia de nuestra respiración, porque lo más seguro es que hayamos tenido uno o dos pensamientos en ese brevísimo lapso. No podemos dejar de pensar, eso es una gran verdad, pero sí podemos estar atentos al movimiento de nuestro cuerpo con cada respiración. La respiración es el tema. Poco a poco lograremos estar más en la respiración que en otros pensamientos. De eso se trata la meditación.

El ego deja de existir en el momento en el que apaciguamos nuestra mente y entramos en la serenidad.

Ya he comentado lo que ocurrió a varios autores cuando tuvieron un evento singular en algún momento do cu vida, una epifanía, un claro despertar. Este despertar antecedió al inicio de un nuevo capítulo en su vida. Se trató de una revelación, el momento preciso de una transformación, la entrada formal en el nuevo sendero. Ese sendero, esa nueva forma de existir se traduce como una evolución espiritual. Lo que muchos llaman *el Despertar*. Eso mismo me sucedió. Tuve varios momentos evolutivos, inesperadas presencias de profundo carácter espiritual que me condujeron a este, mi nuevo gran camino.

El tema siempre fue: mi espiritualidad, saber exactamente por qué estoy viva en este tiempo preciso, en este planeta, dentro del núcleo familiar en el que nací. Este siglo veintiuno que estamos viviendo es el momento indicado para un avance en nuestra conciencia. ¿Podemos desarrollar nuestra espiritualidad? Ciertamente.

Esta misma pregunta la hizo un destacado maestro quien preguntó: *¿Podemos modificar nuestras creencias religiosas para retornar a la energía del* *creador, sin los efectos secundarios de influencias materialistas y dominantes que nos han esclavizado por siglos? Por supuesto que podemos, pero ¿queremos?*

Como seres humanos, además de contar con sistemas físicos perfectos, poseemos la capacidad de desarrollar nuestra esencia espiritual. Y, cuando tal transformación sucede, nos damos cuenta que ocurrió porque nunca cancelamos nuestra intuición, nuestro libre albedrío. Haremos cambios poderosos si elegimos no permanecer en la mente, si dejamos de buscar evidencia en nuestro cerebro y viajamos más allá, para arribar al lugar preciso en donde hay claridad de pensamiento y de conciencia.

No será tarea fácil, ya que es preciso alejarnos de todo tipo de creencias limitantes, para estar en condiciones de aceptar una evolución de la conciencia, y hacer caso omiso a las reglas de la sociedad, a todas las argucias de la fuerza mediática, y a conceptos que nos dijeron era indispensable respetar.

Se trata del renacimiento de nuestro cuerpo emocional. Aun sin aceptar que es evidente, estamos convulsionando nuestra energía. Surgen preguntas que muchos no desean tomar en cuenta; hay una sensación de cosquilleo permanente en todo nuestro ser y esta es, precisamente, la señal para el despertar, para hacerle caso a la sabiduría universal que nos conforma. Muchos eligen ignorar esta sensación y creen que se trata de alguna alteración física, por lo que buscan ayuda a través de medicamentos, y con ello no hacen más que disfrazar la necesidad de estar en armonía con Todo. Maestros espirituales y estudiosos de la conciencia humana han descubierto que parte de las anomalías físicas que muchas personas están sintiendo en estos momentos se deben a un *despertar espiritual.* ¿Cuáles son estas anomalías? Dormir pocas horas; tener comezón en varias partes del cuerpo, sobretodo en la cabeza, especialmente por las noches; sentir cansancio; sentir inquietud por algo que va a suceder (en verdad lo que está sucediendo es grandioso y aportará únicamente bien, dará paz a todo aquel que acepte esa transformación).

Nuestras emociones se hicieron más evidentes a partir de diciembre del 2012; no obstante, millones de individuos insisten en no hacer caso a este llamado. Su corazón está en lo material, en el entretenimiento superfluo, en juzgar a los demás y vivir la obsesión del más fuerte.

Para estar en armonía y gozar de salud física y mental es preciso practicar ser invisibles. De nada nos sirve mostrar nuestro ego. Lo esencial es entrar primero en el silencio y en el respeto a todo lo que nos rodea. Dejar a un lado el protagonismo.

Lo anterior me hace recordar las palabras de mi padre quien, en sus últimos años, en los que era evidente una grave pérdida de memoria, no cesaba de repetir: *"Lo importante en el mundo es la bondad, el cariño y el respeto. Por otra parte: No es feliz el rico, ni es feliz el que goza, feliz aquel a quien la conciencia no acosa."*

Me tomó un tiempo después de su muerte, pero al fin pude digerir sus palabras. Quizá fue algo que aprendió de manera temprana y lo recordaba por ser valioso para cualquier individuo, no sé, lo fundamental es que su misión era repetirlo para que los que estábamos próximos a él lo captáramos. No puedo más que admirarlo por haber difundido esa sabiduría.

Poco a poco, en ese reflexionar, en esa poderosa intención de meditar mejor cada día, me fui convenciendo de que no necesitamos una religión, porque se trata de algo que está fuera de nosotros. Nos enseñaron a creer que debemos sentir, hacer, pensar lo que otros creyeron, sintieron y pensaron. Nos hicieron olvidar esa voz en nuestro interior, nuestro espíritu sagrado, nuestra Esencia Divina. Cuando el ser humano es espontáneo, bondadoso y se rige por lo que destila su corazón, no tiene necesidad de una religión, porque sabe que Dios está en lo más profundo de su ser y sabe que es guiado a través de su intuición e intención. Estoy convencida de que no necesitamos de una iglesia o dogmas para sentir nuestra espiritualidad. Siendo totalmente claros en nuestra intención sabemos que podemos amarnos y amar a los demás. Nuestra conciencia es la energía que salvará a nuestro planeta.

Michael Brown, un brillante pensador, cuya misión ha quedado claramente expresada en sus libros, nos habla de la espiritualidad en un hogar, con estas palabras: *"En una familia siempre hay uno o dos miembros que trabajan internamente y el resto trabaja externamente. No todos los individuos están listos para trabajar desde su corazón."* Si lo piensas, esto sucede en la mayoría de los casos. No obstante, la dirección de la *nueva* energía en este planeta, es continuar con este despertar para poner orden, para recuperar la armonía (y, al mismo tiempo, mantenernos sanos físicamente).

Recuperar nuestra espontaneidad es lo mejor que podemos hacer, para escucharnos, para percibir lo que reside en nuestro interior.

CAPÍTULO TRECE

LA CAPACIDAD QUE TENEMOS LOS SERES HUMANOS DE AUTO SANARNOS

"El mejor uso del conocimiento de un médico es enseñar a sus pacientes a curarse por sí solos." Dr. David Simon

Sanarte tú mismo. Mi propósito aquí es introducirte a una modalidad particular que ha llamado mi atención desde niña: la capacidad de sanarnos a través del pensamiento. Te invito a continuar utilizando cualquiera y todas las modalidades de sanación que funcionen para ti, ya sea acupuntura, o ir al quiropráctico, probar el masaje terapéutico, suplementos nutricionales, yoga, reflexología, medicina energética, cromoterapia, terapia de sonido y otros. Todos sirven en algún momento, pero pueden ser temporales, Lo más efectivo, según mi sentir, es *unir nuestra intención* a cualquier sistema terapéutico y hacerlo con la fuerza interna que poseemos para mantenernos sanos. Al enviar un pensamiento que lleva la vibración de nuestro Yo superior la energía se transforma. Se trata de una fuerza imparable. No es gratuita la frase: *el pensamiento mueve montañas.*

Nos encontramos al inicio de un viaje, de un ciclo que ocurre cada diez mil años. Se dice que nuestro Sistema Solar se mueve a través de la Noche Galáctica (que es un tiempo en el que pocas cosas se mueven), para entrar de lleno en el Cinturón de Fotones, espacio cósmico en el que la espiritualidad reinará sobre los seres humanos, desaparecerá la enfermedad y los hombres mostrarán comprensión y respeto por sus semejantes, para vivir en total armonía.

El aumento en la energía fotónica es algo inherente a esta experiencia, puesto que nuestro Sol está recibiendo una carga fenomenal de fotones y eso afecta todo. Afecta el funcionamiento de los satélites de comunicación, porque están situados muy cerca de donde cruzan las intensas explosiones y sus poderosas ondas. Esa energía explosiva modifica las corrientes de aire, el movimiento de las aguas en los océanos y la lluvia. Es cierto que ya estamos padeciendo los estragos ocasionados por los cambios climáticos. Es cierto que habrá más movimientos de tierra (terremotos) y erupciones volcánicas. Pero es que la transformación es de tal envergadura que para que la humanidad acepte cambiar su comportamiento y su sistema de creencias, debe enfrentarse a una tremenda sacudida porque ya son muchos años de necedad y rechazo a vivir en el equilibrio.

Posiblemente recuerdes la presencia de los Hippies en los años sesenta del siglo veinte. Fue impactante la aparición de situaciones que nos anunciaban la era que estaba por venir y una de ellas fue la canción La Era de Acuario (The Age of Aquarius) cantada por grupos de músicos norteamericanos (y más tarde, de todo el mundo) en su calidad de seguidores de esa nueva moda, de esa tendencia a salirse de los rígidos conceptos que la sociedad y las religiones nos habían impuesto durante los últimos dos mil años.

Era la necesidad de clamar por una libertad de expresión, pero esa limpia y pura manifestación proveniente de seres que ya habían sentido la urgencia de modificar su pensamiento y su sistema de creencias, a través del amor y la paz espiritual, fue totalmente opacada por las maniobras de grupos reaccionarios que rechazaban el cambio que se proponía. Los hippies fueron perseguidos y sus intenciones prostituidas a través del uso de drogas. Lo que ofrecía esa joven generación era la posibilidad de auto sanarnos, de comer usando los productos de campos libres de contaminantes, de vivir como una comunidad en la que todos ayudaran de manera espontánea, llenos de buena voluntad y de amor por el otro.

Aparecieron técnicas de masaje, movimientos que ayudaban al cuerpo a mantener la mejor postura, es decir, erguidos, con la cara al sol, al aire, a la naturaleza. Surgieron métodos para cambiar pensamientos negativos y para liberar a las personas de depresión, tristeza, enojo o miedo, porque se aseguró que esas emociones únicamente atraen enfermedades.

En ese período, llegaron hasta mí libros en los que sus autores hablaban de la capacidad que tiene el ser humano para auto sanarse, y eso resonó perfectamente con mi manera de pensar, con lo que había sentido desde niña, con mi resistencia a usar medicamentos cuando en mi interior sabía que había otra opción.

En este siglo XXI nuestro Sistema Solar ya entró de lleno en el Cinturón de Fotones y se ha iniciado, finalmente, la Era de Acuario. En la Era de Acuario y en la Era de Leo (diez mil años después de que termine Acuario) es cuando aparece la energía del Espíritu y los hombres cambian la violencia por el amor.

Los sistemas de respuesta fisiológica permiten que las emociones (el miedo, en particular) produzcan enfermedades. – Dr. Joe Dispenza

Fue sumamente edificante leer el testimonio de un analista político y editor de nombre Norman Cousins, a quien habían diagnosticado *espondilitis anquilosante* -una forma de artritis que causa pérdida de colágeno- y cómo se sanó usando únicamente la risa como recurso. Su historia está impresa en algunos libros y ahora la he vuelto a recordar al empezar a leer el libro más reciente del Dr. Joe Dispenza, "Tú eres el Placebo".

Me enteré de infinidad de casos en los que ocurrió una remisión *quasi* milagrosa de enfermedades tan graves como el cáncer, esclerosis múltiple, artritis reumatoide y otras.

Hice intentos por hablar del tema, pero no tuve eco en la mayoría de los casos. Es la hora en la que no consigo reunir a un grupo que tenga la intención de estudiar, practicar y difundir la verdad: que somos seres poderosos con las herramientas necesarias para mantenernos sanos y felices. Algunas amigas y amigos muy queridos han estado de acuerdo conmigo, pero yo sigo anhelando la compañía de esos seres afines a mí que tengan la voluntad de practicar una actividad cotidiana en la que todos los integrantes estemos de acuerdo en el hecho de conservar nuestra buena salud mediante una mejor alimentación, es decir, obtener alimentos por la dedicación que cada uno le demos a la tierra o a las pequeñas macetas en nuestro hogar que bien pueden darnos productos orgánicos. Y a través de una sincera liberación de creencias limitantes que impiden el asentamiento de comportamientos que nos conducen hacia la auto sanación.

Ahora practico la meditación, y mi intención es difundir los beneficios de esta práctica milenaria, para trabajar internamente en la eliminación de emociones que nos disminuyen, para adiestrar nuestra mente a entrar en el proceso de regeneración celular.

"La ciencia no es una acumulación de verdades, sino una acumulación de propuestas sensatas hechas con el rigor de un método." Alfredo López Austin

Gracias al Dr. Bruce Lipton conocemos el impacto que tienen las emociones en la función de los trillones de células que conforman nuestro cuerpo. El borde exterior de cada célula (la membrana) es el receptor de toda condición externa, recibe las señales del medio ambiente exterior, las procesa y luego afecta el ADN a través de la mitocondria. Estamos hablando de epigenética, es decir, el conjunto de reacciones químicas y demás procesos que modifican la actividad del ADN, pero sin alterar su secuencia.

En otras palabras, cuando procesamos lo que vemos, cuando las circunstancias externas afectan nuestras emociones, se generan reacciones o respuestas químicas que afectan el comportamiento de las células. Si hay cambios importantes en nuestra percepción de las cosas, tenemos la capacidad de modificar lo que está escrito en nuestro ADN, por lo tanto, existe la posibilidad de cambiarlo. Ya no tenemos que sufrir porque hasta este momento creíamos que nuestra 'personalidad' era inamovible, "así soy, así nací y no hay posibilidad de cambio"; incluso creíamos que los genes ahí estaban y no se podía cambiar nada de esa herencia (en ocasiones fatal o fatalista). Pues resulta que no, si nuestra mente manda órdenes para que la percepción celular sea diferente, cambia nuestro ADN. Entonces, cambia nuestro estado anímico, nuestras condiciones físicas, la química en nuestro cuerpo y, por ende, se van eliminando las enfermedades al tiempo que todos nuestros sistemas se fortalecen a través de nuestra intención.

Tuve una revolución interna que me llevó a la siguiente gran verdad: *Cambia tu pensamiento y cambiarás tu ADN que, a su vez, cambia tu físico, tus emociones y tus creencias.*

La señal que capta el borde exterior de la célula incluye pensamientos, elecciones, comportamientos, experiencias y sentimientos.. Antes se decía que la información llegaba directamente al núcleo, pero gracias a los experimentos del Dr. Lipton, sabemos que nuestras células se ven afectadas por las frecuencias o vibraciones que nos llegan desde el exterior, por todo lo que pasa a nuestro derredor, tanto lo que otros nos dicen como lo que decidimos aceptar como cierto y adoptamos sin chistar como la gran verdad.

Por ejemplo, en mi edad escolar solía regresar de clases, acalorada, mortificada por el uniforme de lana que debía portar, y lo primero que hacía era lanzar mis zapatos al aire para caminar descalza y sacarme el blusón de lana azul marino, que llevaba ribetes blanco y rojo, en el cuello, puños y corbata. Mi abuela materna exclamaba de inmediato: "Nena, te vas a enfriar" Y yo le decía que no, que no me iba a pasar nada. En efecto, yo sabía que eso no me iba a enfermar. De alguna manera, sabía que mi cuerpo necesitaba refrescarse, pero un resfriado estaba fuera de toda consideración. Mi hermana, sin embargo, constantemente sufría de catarros que, por supuesto, nunca me contagiaba.

Tendría quizá diez años cuando a mi hermanita le dio tosferina. Nuestra madre organizó rápidamente un viaje a Acapulco (siempre hemos vivido en el D. F.) para subir a un pequeño avión, porque se decía que una vuelta en avión ayudaba a sanar la tosferina. Mi hermana tenía poco apetito y dejaba la mitad de los alimentos, que yo despachaba con gran placer, sobre todo aquel puré de papá. Mi mamá decía que lo mejor era que yo me contagiara para salir de ese problema cuanto antes, pero a mí no me pasó nada. Eso significa que nunca cruzó por mi mente el contagiarme, la enfermedad había atacado a mi hermana menor, pero no tenía nada que ver conmigo. Luego estuve en cama por una espectacular escarlatina que provocaba la diversión de todos porque de mi pijama salían nubes de escamas de piel muerta. El asunto no tuvo mayores consecuencias, salvo que dejé la cama con tres kilos de más. Los platillos especiales de mi abuelita materna dieron fruto. ¿Cuál es el punto central de este relato? Las *órdenes* que doy a mis células para que se comporten en total salud. La vibración que ocurre para que mi cuerpo se comporte de tal manera que todos mis sistemas actúan bajo un programa preciso de regeneración o de recuperación de cualquier porcentaje de energía perdida.

Otro ejemplo, me invitaron un par de veces a hacerme un estudio para asegurarme de no tener osteoporosis. En mi interior siempre he tenido la noción de que mis huesos están sanos. Con toda confianza rechacé hacerme ese estudio, como tampoco he vuelto a aceptar una mamografía. La única que me tomaron fue cuando la punta de la puerta de mi automóvil se encajó en uno de mis senos y formó una pequeña protuberancia, una bolita del tamaño de una canica. No tenía dolor, pero quise estar segura. El resultado fue que el tejido en esa pequeña zona estaba necrosado y no mostraba malignidad. Pasar por la experiencia de una mamografía es algo muy molesto y humillante. A una le manipulan el seno como si fuera un trapo para limpiar el piso, lo presionan, y los apretujones son, para mi gusto, totalmente innecesarios, porque, además, dicen los estudiosos, que al apretar el tejido se afectarían ciertas células que pudieran estar predispuestas al oánoor. Ec lo miemo que dicen de la tuberculosis que todos somos portadores del bacilo de Koch, por lo que estamos predispuestos a esa enfermedad, pero que no siempre se desarrolla. La *predisposición* se origina en nuestro pensamiento, en el sistema de creencias que hemos heredado, que está presente en la sangre. Si tú crees que te vas a enfermar, seguramente serás víctima de esa condición que tanto temor te ha dado.

Existe una información a nivel celular, a nivel genético, que puede dispararse si el individuo tiene miedo, si piensa en la enfermedad que continuamente pende sobre su cabeza como una espada de Damocles, y está convencido de que puede heredar esta o aquella enfermedad mortal porque algunos miembros de su familia la desarrollaron.

Nunca más he aceptado hacerme otra mamografía. Hace aproximadamente diez años leí un artículo en una revista médica inglesa en donde se explicaba la desventaja de pasar por este estudio, el cual, por si fuera poco, se exige a través de la gran fuerza publicitaria de las empresas dueñas de los aparatos para tomar mamografías y otros utilizados por la American Cancer Association. Familiares muy cercanos a mí hacen su cita puntual cada año o cada seis meses. Se habla mucho del aumento alarmante de casos de cáncer de mama en México, y yo creo que la atención de las mujeres debe estar en otro lado, no en la preocupación de hacerse mamografías ni de revisarse frecuentemente palpando los senos sino en el convencimiento de que eliminar las emociones negativas (el miedo, la ira, la preocupación, la tristeza) y vivir diariamente con la certeza de que "eso no es para mí, estoy sana y nada del exterior va a afectarme, ya sea la opinión de los demás o lo que dictan los médicos y la industria farmacéutica" es la mejor opción, es la manera correcta de vivir. Una buena alimentación, un poco de ejercicio, recibir los rayos del sol con alguna frecuencia (para que nuestro cuerpo procese la vitamina D), meditar, elegir decir siempre la verdad, ser tolerante, compasivo, agradecer todo lo bueno que existe en nuestro día a día, y ayudar al más necesitado, son elecciones de vida que nos aportan paz mental y salud física.

El cuerpo responde de una manera binaria: encendido y apagado. Cada vez que tú experimentas una emoción tu cerebro produce una frecuencia eléctrica que instantáneamente envía señales y patrones hacia cada célula en tu cuerpo. Dependiendo del contenido de esa emoción, ya sea optimista o pesimista, su frecuencia vibratoria crea movimiento o lo bloquea dentro de tu cuerpo físico. Por lo tanto, la dirección de tu salud depende del flujo de energía desde y hacia el cerebro. Como dice el Dr. Lipton, "... *el reto es que el 98% de la mente es subconsciente. Cuando la vida tiene experiencias que se mueven a través de la mente subconsciente. el cuerpo tiene la capacidad de sanarse.*

El mayor obstáculo a nuestra salud y bienestar es la falta de conexión de las emociones desde el inconsciente. Los síntomas son como una sinfonía que el cuerpo compone para atraer nuestra atención. Las emociones pueden ser definidas como la energía que nos mueve, considerando que la energía siempre está en movimiento, cuando nos desconectamos de ella, esa energía toma un camino equivocado el cual, con frecuencia, nos mantiene sumidos en un pantano. Los síntomas recurrentes y un estrés crónico son las señales que nos avisan que las emociones están atrapadas en el subconsciente.

Los síntomas empiezan mucho antes de que estemos conscientes de ellos. Usualmente empiezan como una sensación incómoda. Cuando son ignorados, ese sentimiento incómodo se manifiesta en nuestro cuerpo que está desequilibrado. Si no se revisa, este desequilibrio se convierte en un patrón de enfermedad y, eventualmente, se convierte en una patología que va a devastar el cuerpo en uno o varios niveles.

Tú puedes curarte, porque posees el poder y la habilidad para sanar. No importa qué tan seria sea la enfermedad o cuan catastrófico haya sido el evento, el cuerpo tiene la milagrosa capacidad de regenerarse, de rejuvenecerse y de revitalizarse. Qué significa la palabra "sanarse" Ser sanado significa estar pleno. Significa atraer o llevar nuestro cuerpo hacia la Luz, sin dejar nada en la oscuridad, sin importar que tan doloroso sea. Significa abrazar todas las partes que hemos ignorado o que hemos negado.

En el siglo doce, una mujer alemana, llamada Hildegarda, abadesa del convento en la región de Bingen, escribió una serie de libros sobre cómo mantener la salud física y espiritual. Sus canciones son bellísimas (cantadas a *capella)* y sus consejos para mantenerse alejados de enfermedades fueron tan precisos que hace unos sesenta años, un grupo de médicos alemanes decidió estudiar esos conceptos. Llegaron a la conclusión siguiente: el cáncer es producto de una vida en donde las emociones negativas como la ira, la tristeza y el miedo atacan el cuerpo humano, deterioran las células de tal forma que éstas producen un cáncer; o como lo explicó Hildegarda: *"el cuerpo es dañado por la bilis negra."* En aquel entonces no existía la palabra "cáncer", era la bilis negra, causada por la melancolía (vocablo que dejó de ser utilizado en siglos posteriores). Observemos, pues, cómo es que un cáncer aparece después de un período emocional sumamente impactante o por años de vivir con depresión, con angustia, con miedo a todo lo que rodea a un individuo que no ha hecho nada para calmar alguna de esas tres emociones lacerantes que Hildegarda mencionó en sus escritos.

He observado a personas que han sufrido de cáncer y no me queda duda de que la mayoría ha tenido problemas creados por esas fuertes emociones estudiadas por Hildegarda y, ocho siglos después, por los médicos que menciono. El cáncer de mama puede originarse a partir de mucho enojo o miedo. El cáncer de páncreas, por falta de dulzura en la vida. El cáncer de hígado por ira y frustración. Afectaciones en los riñones surgen por una vida llena de miedo. La medicina china nos dice que el miedo se asienta en los riñones. La esclerosis múltiple puede provenir de una falta de amor a sí mismo. El síndrome de colon irritable se manifiesta en individuos que sienten que su poder personal ha sido limitado, no han podido liberarse de ciertos yugos emocionales y no son libres.

Lamentablemente, es muy frecuente ver síntomas de graves enfermedades crónicas cuyo origen está marcado por el pensamiento constante (que luego se convierte en creencia) de un estado anímico al que la persona se aferra.

Ahora me complace ver cómo están surgiendo médicos, en todo el mundo, cuyos estudios e investigaciones están aportando el conocimiento preciso para que ocurra en la población mundial la transformación anunciada, esa que va a marcar la energía positiva, bondadosa, de clara conciencia en la que vamos a vivir de hoy en adelante.

El ser humano produce vibraciones, electricidad, fotones y energía iguales a lo que se genera en el espacio sideral. La energía es el elemento más poderoso del universo. En otras palabras, se trata de la energía divina.

En una ocasión tuve en mis manos un libro sobre metafísica escrito por un cubano, residente en los Estados Unidos. Al hojearlo, pensando que el tema quizá iba a ser difícil o aburrido, me topé con una página y mis ojos se detuvieron en la siguiente frase: "¿Qué tal si Dios fuera un manto de inteligencia?" – Con eso tuve, cerré el libro, no intenté leerlo, no era necesario, porque cualquier duda que hubiera tenido, ya había sido aclarada. Para mí es más que suficiente saber que Dios es un manto de inteligencia que todo lo cubre, que nos envuelve, que prodiga su energía en cada ser vivo en este y, posiblemente, millones de planetas poblados que circundan el cosmos. Provenimos de esa Fuente, somos parte del Origen, por lo tanto, tenemos capacidades tan poderosas como para poder sanarnos si nos olvidamos de la fuerza mediática, de los dictámenes de la sociedad o lo que nos dicen las religiones, todos ellos grupos triunfadores que usan su influencia para manejarnos a voluntad.

Piensa en un hecho que ha sido confirmado por la NASA y otras agencias de investigación en nuestro minúsculo mundo llamado Tierra (que algunos dicen que debería llamarse Agua, por obvias razones). Primero dijeron que el universo estaba formado por cincuenta millones de galaxias (eso lo leí en una revista que publicó los descubrimientos de la NASA veinte años atrás). Hace poco escuché en un documental que son cien millones de galaxias y el número va en aumento. Se dice también que el universo se expande constantemente. Piensa en nuestra Vía Láctea y la opinión de científicos respecto de los trillones de estrellas y soles que la conforman. Y estamos hablando de una sola galaxia. Reflexiona ahora sobre esta realidad y date cuenta que hay un conocimiento universal divino que nos ilumina, que nos guía. Si decidimos abandonar las creencias que nos han sido impuestas por individuos de alma mezquina o de conceptos equivocados cambiaremos nuestro cuerpo, tendremos éxito en todo lo que emprendamos, gozaremos una vida llena de fortaleza física y emocional. Seremos capaces de auto sanarnos. Siempre tenemos esa capacidad, siempre existe esa opción natural, si elegimos estar en la vibración de la Fuente.

CAPÍTULO CATORCE

SOBRE NUESTRA REALIDAD

¿Qué es lo real? ¿Cuál es nuestra realidad?

Podríamos decir que real es la imagen que el espejo refleja cuando estás delante de él. Igualmente real es lo que sientes cuando acaricias a tu pareja, a un bebé, a un animalito y, por supuesto, cuando tocas tu piel; o cuando admiras una puesta de sol o te dan un beso. La realidad, ¡Ah! Eso puede requerir de varias respuestas. Hay todo tipo de realidades. Creo que la más exacta sería la descripción de tu estado de ánimo. Cómo te sientes define tu realidad. Pero, esa realidad puede cambiar si en vez de sentirte enfermo, nervioso, deprimido, enfadado, triste o frustrado, eliges sentir otras emociones como son estar lleno de energía, ser creativo, sentir placer, estar sano, ser paciente, ser generoso, llenarte de amor por ti y por los demás (incluyendo el reino animal y la naturaleza en su totalidad).

La realidad está cambiando para nosotros. La realidad son las nuevas oportunidades que surgen a través de lo que la mente de individuos con una amplitud de conciencia tiene para darnos. Eso que ellos nos ofrecen, llenos de bondad y generosidad, nos impulsa a vivir sanos y felices porque, finalmente, nuestra percepción nos conduce a la paz interna.

Las palabras de individuos que han pasado por profundas reflexiones, y han evolucionado, nos invitan a aceptar esa misma transformación en nuestro sentir y a meditar acerca de una gran verdad: *estamos aquí para ser felices, para aprender y para ayudar al otro a ser feliz.*

La cantidad de sufrimiento que una persona percibe en su vida está directamente relacionada con qué tanto se ha resistido al hecho de ver que "las cosas son como son." Esto debiera ser una de las piezas de sabiduría humana más importante. *Si existe sufrimiento o desconcierto (incomodidad) es porque existe una resistencia hacia la manera como son las cosas,* Punto.

La llave para manejar pensamientos de reto, situaciones y sentimientos es, ciertamente, no resistirse sino permanecer lo más abierto a aceptarlas como nos sea posible. Acepta lo que piensas o sientes y lo que sucede alrededor tuyo, aunque lo que pienses y sientas sea incómodo o lo que está sucediendo no es lo que hubieras preferido.

Por lo tanto, la cuestión es que aunque parezca como si nuestra incomodidad es creada por algo que no nos gusta, de hecho la molestia que sentimos es causada *por nuestra resistencia a eso que no nos gusta.* Cuando dejamos de resistirnos desaparece la incomodidad. Pareciera que la persona, la cosa, el evento o lo que sea que está creando nuestra incomodidad, en realidad es nuestra reacción a ella.

Cierta clase de personas, esas que constantemente están abiertas a nuevas ideas y experiencias, serán las que alcancen ese "momento de la verdad"... porque se dan la oportunidad de escapar hacia un orden superior y eso les permite evolucionar y crecer. Por otra parte, las personas que se resisten a nuevas ideas, que no quieren tener nuevas experiencias, que rechazan lo que no encaja con sus creencias, en otras palabras, personas que se oponen al influjo de una nueva energía o estímulo, casi nunca tienen experiencias pico y evolucionan muy lentamente, si acaso. (Palabras de un gran maestro espiritual).

Es importante recordar que el caos precede al cambio. Cada vez que existe una situación de caos en nuestra vida, eso significa que nuestra visión actual de la realidad no se está adecuando a la transformación, ni a lo que está sucediendo en torno nuestro. Pero si se maneja apropiadamente, el caos nos conduce a un cambio positivo. En momentos como esos es importante tener en cuenta que una nueva actitud va a solucionar muchas de las cosas que antes no habíamos podido resolver y, además, que el caos es una señal de que nos estamos acercando a una nueva realidad, que tenemos la capacidad de reorganizarnos a un nivel superior que es más funcional; ya que al aceptar esos cambios estamos dispuestos y no bloqueamos las cosas buenas. La nueva realidad sucederá más fácil y rápidamente.

La mayoría de las personas no se dan cuenta cuando están pasando por un episodio de caos. Lo que hacen es auto medicarse para eliminar esa sensación de estrés; eligen beber o tomar pastillas "para relajarse", o se drogan o comen en exceso para auto gratificarse o buscan varios compañeros sexuales para poder disfrazar sus sentimientos. Nadie les ha dicho que una situación de caos representa la oportunidad de crecer y, al no aprovecharla, impiden la evolución que el universo les está presentando.

Además, esas personas no se responsabilizan por el caos o estrés que sienten, por el contrario, lo proyectan fuera de ellas mismas, y así siempre buscan una solución proveniente del exterior. Les resulta más fácil culpar a los demás o a la situación, pero nunca admiten que las cosas suceden porque ellas mismas están creando su propia realidad. La única razón por la que un individuo está viviendo y sufriendo un caos o está terriblemente estresado es porque traspasó su umbral de lo que puede o no puede manejar. La solución es elevar y ampliar el umbral.

Crear una nueva actitud es el secreto para un crecimiento feliz. Sin embargo, las personas se resisten. El miedo, la depresión, el enojo, la ansiedad, el abuso de sustancias tóxicas, el desorden bipolar, el síndrome de déficit de atención, alergias, enfermedades autoinmunes y muchas otras enfermedades mentales o emocionales, son formas que usamos los seres humanos para no dejar ir nuestra vieja visión de la realidad.

¿Qué tal si dijéramos "Ya no quiero vivir confinado al dolor, ni tampoco sentir una constante incertidumbre de *qué va a pasar conmigo?* ¿Qué tal si decidimos que esa proyección de realidad ya no nos sirve y que estamos dispuestos a crear una nueva realidad? Es útil reconocer cuando esos pensamientos surgen de nuestra más íntima conversación con nuestro Yo interno. Aceptemos que se trata de ser honestos con uno mismo... no hay vuelta atrás. Si lo que está sucediendo es algo digno de tomarse en cuenta, entonces podemos decirle a nuestro ego que abandone el escenario y el spot que siempre exige tener sobre si, y dispongámonos a iniciar un nuevo camino de realidad.

Como resultado de haber leído o escuchado a algunos autores y maestros espirituales, me entero que infinidad de personas han comentado que anhelan estar '*presentes*' en sus vidas, pero que encuentran difícil permanecer conscientes de ello durante todo el día. Entienden la idea de la presencia, les queda claro que estar presentes es crear la verdadera realidad y, ciertamente, la experimentan por momentos, pero fácilmente son arrastradas hacia pensamientos de ansiedad. Es fundamental estar alertas para que nuestro cerebro no piense en demasía, que se mantenga en el silencio lo más posible. Si nuestro cerebro no está abrumado con pensamientos constantes de ansiedad entonces le será más fácil mantenerse en el presente.

Así pues, ¿es posible silenciar nuestros pensamientos del pasado y de lo que pueda suceder en el futuro para poder estar aquí, ahora, en este momento? ¿Cómo podemos movernos desde el estado de pensar desordenadamente todo el tiempo a la otra condición que es vivir nuestra vida en un estado consciente? Mantenernos alertas a lo que sucede alrededor nuestro nos sitúa en la verdadera realidad; dejamos de engañarnos. Y a propósito de mantenernos alertas a lo que sucede en nuestro entorno, es necesario pensar en la física cuántica. Ella nos ofrece el *momento cuántico* en el que todo nuestro ser está vivificando los sucesos, en donde nos permitimos ser sorprendidos por cada acontecimiento, cuando sentimos que somos generosos, y cuando todo transcurre a través de una condición duradera de bienestar. Además, ya no estamos, ni queremos estar en control. Empezamos a ser flexibles, hay suavidad en nuestras palabras y en nuestros actos. Dejamos ir lo que no sirve y permitimos la entrada de la divinidad. Los maestros espirituales norteamericanos tienen una frase que pierde su brillantez al tratar de traducirla. Dicen: *Letting go and letting God.* En inglés es posible dada la similitud del verbo "go" o "let go" y el vocablo God. En otras palabras, deja ir toda resistencia, todo apego y permite que Dios entre en ti. Abandona al ego y adquiere un sentido de humildad, porque, el ego es una ilusión, por lo tanto, no defiendas a tu ego porque él no te mantiene en la realidad.

CAPÍTULO QUINCE

LA MEDITACIÓN, ESE BÁLSAMO IMPONDERABLE

Bill Harris, fundador de Centerpoint Research Institute nos habla sobre la meditación y sobre cómo ampliar nuestra conciencia.

Nos dice: *La meditación gradualmente crea la conciencia expandida que nos permite dar un paso atrás para constatar que nada en el universo tiene un significado innato. Todas nuestras acciones tienen consecuencias. La persona consciente ve las consecuencias de cada sentimiento, de cada pensamiento y cada acción, y actúa en concordancia, tomando plena responsabilidad por lo que se está creando.*

Uno de los principios para mantener el estado de alerta que propone Bill Harris es **dejar que cualquier cosa que suceda esté bien.**

El mejor sitio es estar en la creación deliberada, mantener el gozo y disfrutarlo como tal. En ese sitio podemos pensar: *Me permito mantener momentos felices en mi vida. Puedo enfocarme en ellos y al hacerlo, estoy más sereno... soy más dichoso.* La meditación es el mejor punto de atracción porque permites que las cosas te brinden un momento de paz. Estando en paz podemos manifestar lo que anhelamos.

La siguiente frase es fundamental: *"Voy a ser un observador de todo lo bueno que llega hasta mí,"* Cuando observas, estás en el punto en el que la física cuántica se hace realidad, ya que muestra el movimiento y tu poder es infinito. Es cuando decides estar consciente y alerta porque las ideas empezarán a fluir.

La práctica de la meditación proviene de tradiciones milenarias que aseguran que la propia experiencia es fuente de sabiduría. Se trata de entrenar o disciplinarnos en la certidumbre de estar 'presente' en todo momento, de integrar en nuestro ser cualquier cosa que surja de nuestra experiencia, de manera amorosa y sin juicio. Nos explican que se trata de abrir el corazón para amarnos, primero, y luego permitir que nazca la compasión por los demás. Nuestras actividades se realizan a través de un corazón abierto y una mente despierta. El corazón abierto nos permite amar incondicionalmente; nuestra mente despierta ya no es víctima de miedos, rencores, preocupación o enojo.

A través del budismo hemos conocido la práctica de la meditación y ese conocimiento acumulado cotidianamente durante siglos es el resultado de nuestra capacidad para observar, observar todo, sin hacer juicios, permaneciendo solamente en la mayor serenidad.

Meditar es una actividad que fue mal descrita por años. Cuando alguien dijo que se trataba de mantener la mente en blanco provocó el más absurdo temor al hecho de permanecer en un estado de calma, de sentir paz interior. Nadie se tomó la molestia de corregir aquella mala interpretación, y por décadas se entendió el hecho de meditar como el momento de permanecer hipnotizados, acallando la mente y casi volviéndose locos al no alcanzar el resultado deseado. Poco a poco se ha ido desvelando ese entuerto y ahora cientos de personas toman la decisión de meditar simplemente para vivir mejor, para estar más sanos, para ser felices al amarse y aceptarse, amando todo lo que existe en nuestro entorno. No se trata de escapar de la realidad, al contrario, la meta es permitirnos ver la realidad como es, retirar los velos de situaciones que han permanecido en nuestro interior y nos han causado sufrimiento. Se trata de despejar nuestra confusión mental.

Solamente estaremos atentos a nuestra respiración o repetiremos un *mantra* para calmarnos o para redirigir nuestro tren de pensamiento hacia "esto" que estoy haciendo en este momento. Por otra parte, aprenderemos a soltar nuestro discurso interno, nos despojaremos de todos esos pensamientos "basura" que nos mantienen en el pasado o nos llevan a un futuro en donde las cosas todavía no suceden y quizá, nunca sucederán. Nos alejamos de la fantasía para abrazar el instante real del ahora.

Meditar y visualizar

Si creemos lo que nos aconseja Abraham -a través de la voz de Esther Hicks- entonces sabremos que una de las cosas que nos mantienen alejados de nuestra visión más perfecta es que realmente *no sabemos* cuál es esa visión perfecta. Entonces ellos nos explican: "*la habilidad más valiosa que puedes desarrollar es la habilidad de dirigir tus pensamientos hacia lo que tú quieres, convertirte en adepto para evaluar rápidamente todas las situaciones, y luego llegar a la conclusión de lo que más quieres, para darle toda tu atención precisamente a eso.*"

Por años, tanto individuos en solitario como grupos, han comprobado que la visualización mejora todo, desde tu memoria hasta tus habilidades físicas, tu productividad y más. Podemos usar las visualizaciones de manera intencional y siempre serán efectivas.

Para practicar la visualización puedes hacer lo siguiente: imagina que despiertas lleno de energía y que este día es un día perfecto. En tu pantalla interna, situada en medio de tu frente, crea esta imagen tan grandiosa como puedas. Formula todo lo que quieres experimentar.

Te levantas sintiéndote optimista. La emoción te embarga porque habrá cosas estupendas a lo largo del día. Sientes cómo la energía fluye por tus venas; es algo similar a lo que la medicina china explica como "el Chi va montado en la sangre". Sientes que la abundancia y la felicidad están siendo atraídas hacia ti, hacia tu cuerpo, hacia tu mente. Sientes que eres libre porque piensas en un águila surcando por los aires o Imaginas un hermoso caballo galopando, dejando que el viento esponje su crin.

Si algún pensamiento no ideal entra en tu mente, parpadea y déjalo ir velozmente, porque este día, este día sólo habrá éxito y dicha en todas tus actividades. Y, porque el día de mañana, será igual de excitante, tan luminoso o más que hoy.

Visualiza cómo aquello que deseas se hace realidad. Puede ser el mejor empleo, la casa que quieres comprar o construir, las vacaciones que has estado planeando, la maravillosa relación con tu pareja o con quien deseas que sea tu pareja; también, imaginas obtener las mejores calificaciones, tener el respeto de los demás, gozar de salud perfecta. Todo eso y más puedes lograr.

Crea un cuadro de abundante riqueza. Que tu sistema de creencias no sea la piedra con la que te tropiezas porque le dices a tu mente que eso no es posible, no lo mereces, no es para ti. Haz a un lado cualquier pensamiento negativo que dañe ese cuadro maravilloso que sabes que puede volverse real. Cualquier cosa que quieras imagínala ahora mismo como si ya fuera cierta. Goza ese momento. Utiliza todos tus sentidos. Imagina que lo tocas, que hueles el aroma circundante, que percibes los colores, que escuchas las voces o la música presente en tu imagen. Y mientras estás creando esa imagen perfecta que ya está en proceso de manifestarse, deja que tus sentimientos más cálidos también estén presentes. Piensa en tus logros, en lo positivo de tu propósito, piensa en todo lo que el universo está dispuesto a darte y todo lo que puedes lograr en este mundo.

Este ejercicio de visualización te permitirá estar feliz con tu momento presente, con tu *ahora*, para que permanezcas confiado y enfocado en tus metas. Siente la satisfacción de saber que eres un ser humano poderoso.

Sabemos que la práctica hace al maestro. Pues bien, se trata de practicar. Utilizar la visualización un día no es suficiente. Los expertos en cualquier profesión saben que la constancia es la que les dará la habilidad, la perfección; por lo tanto, imagina lo que quieres cada día, con igual intensidad, con el mismo impulso. Se dice que si visualizas eso que quieres durante 68 segundos tus vibraciones ya están uniéndose a las frecuencias del Universo y todo empieza a materializarse. Esto es una excelente noticia ¿cierto? No necesitas dedicar mucho tiempo, basta con un pensamiento continuo, descriptivo, que llama al éxito, que te mantiene concentrado en lo que quieres manifestar en tu vida; un pensamiento que dura un poco más de un minuto. Más fácil no puede ser. Hazlo todos los días, cuando te estés cepillando los dientes, al ducharte, al vestirte, al viajar en el autobús o al hacer tu caminata diaria. Eso es, dedica esos 68 segundos justo cuando empieces a dar los primeros pasos, será tu mejor acción del día.

Piensa en un momento feliz, recuerda algo que fue significativo en tu vida y lo gozaste al máximo, un día en que todo salió a pedir de boca. Recuerda el sentimiento que tuviste y entonces acepta que fuiste muy afortunado, y que esa misma energía se puede repetir, que tienes la capacidad para hacer que todos los días estén llenos de triunfos de cualquier tipo, incluyendo una salud envidiable.

Si te sentiste afortunado fue porque estabas fluyendo con la energía de la vida, estabas conectado a las frecuencias del universo. Fluir es igual a ser feliz. Y cuando eres feliz, las cosas se dan, las cosas buenas suceden.

Empezarás a sentir la necesidad de crecer, de evolucionar. Sentirás la urgencia de contribuir a que otros también sean felices, porque fluir con la energía divina te da poder para devolver al mundo la misma calidad de vida. La felicidad es la energía más pura y positiva que necesitas para lograr una nueva realidad.

Es preciso lograr ser dichoso antes de alcanzar tu meta. En otras palabras, la felicidad es la parte más importante de tu viaje, no el resultado final. Pensar en la meta te impulsa hacia adelante y te indica el camino, pero el ingrediente fundamental es que goces este preciso instante, para poder llegar.

Tu intención debe ser positiva. En ese momento experimentas el milagro de estar vivo. Los milagros existen y tú eres un hacedor de milagros.

La visualización te lleva a imaginar lo que tú quieras. Puedo asegurarte que la visualización junto con la meditación son las herramientas más poderosas que tienes para evitar que las enfermedades, los estados de ánimo bajos, los miedos y la angustia aparezcan en tu vida.

Cientos de estudios han comprobado que la visualización mejora nuestra memoria, nuestras habilidades físicas, y no sólo eso, también nos relaja y nos da claridad para ser más productivos. Podemos aprender a meditar y a visualizar. Son dos cosas distintas, y sumamente efectivas. No tenemos que emular a los monjes tibetanos ni a los faquires en la

India, con sólo concentrarnos 10 minutos al día vamos a crear nuevas conexiones neurales, vamos a adquirir paz mental y vamos a estar sanos, además de lograr nuestras metas, porque todo lo anterior tiene un efecto positivo en nuestros genes. Por lo tanto, podemos decidir ahora que ya estamos listos para lograr esos sueños. Y, luego, seamos agradecidos porque hemos acelerado nuestra habilidad para crear éxito y abundancia en nuestra vida.

El mejor consejo es *sentir más*, en otras palabras, pon toda tu atención para estar concentrado en "sentir" lo que estás pensando, deseando, visualizando, imaginando, y hazlo con todos tus sentidos. Amplia esa maravillosa condición del ser humano de percibir los olores que tu imaginación puede manifestar, de ver los colores, las formas y hasta poder tocar eso que estás visualizando y que quieres que se vuelva realidad. Para lograrlo se necesita práctica, pero eso lo puedes decidir en cualquier momento. Puedes tomar la decisión de practicar la meditación y la visualización todos los días, en cualquier momento del día, en un espacio que vas a elegir para estar totalmente solo, sin interrupciones. Y vas a hacer que en esa pantalla que tenemos los seres humanos en el centro de nuestra frente, las imágenes crezcan y nos permitan ver todo lo que queremos crear.

Recuerda, tus emociones controlan tu realidad. Por lo tanto, haz que tus emociones sean tan libres, tan espontáneas, tan claras que lo que más deseas quede manifestado en tu vida tan rápido como seas capaz de crearlo todos los días. Tus sentimientos te inspiran, conserva esa capacidad que tienes de crear a través de una hermosa y positiva inspiración.

Sé que algunas personas no van a dar crédito a todo lo que he estado describiendo en este capítulo, porque tienen una concepción equivocada respecto de meditar, imaginar o visualizar, porque *a priori* descartan estas palabras. Tienen una gran desconfianza en vocablos nuevos debido a su sistema de creencias. Ellas van a resistirse porque dudan que algo diferente y hermoso vaya a suceder en sus vidas. No podrían estar más equivocadas.

Sin embargo, hay otros individuos que han estado sintiendo que su vida tiene una trayectoria tan poderosa que los está llevando hacia una evolución espiritual, hacia una apertura de conciencia tan novedosa que la misma idea les hace vibrar de entusiasmo. Saben que el planeta en sí está cambiando, perciben que no sólo eso, sino que nuestro sistema solar también está involucrado, que nuestra galaxia está recibiendo fuertes cambios vibracionales y que sus frecuencias están aumentando y ese conocimiento les hace sentir todavía más expectación. Esas personas ya han decidido cambiar. Esas personas han incorporado otras actividades en su vida.

Si decides ser como estas últimas, meditar todos los días de tu vida será algo normal, casi necesario. Gozarás de una paz interna insospechada, todo lo veas será diferente porque ha nacido en ti el deseo de ser Uno con Todo, de ayudar a los más débiles y necesitados, de amar a todo ser vivo. La realidad es lo que sientes, no lo que ves. Y visualizar la vida que quieres provoca sensaciones, tener expectativas positivas ayuda a crear la realidad. Se trata de crear una vida que sientes que es positiva, y esa creación puede renovarse todos los días.

Algunos expertos en visualización dicen que la mente subconsciente no puede diferenciar entre lo que uno imagina y lo que es real. A veces, las cosas imaginarias van a aportar cambios en nuestro cuerpo para que éste responda de la misma manera que lo haría en situaciones reales. ¿Qué es lo que sucede? Que el hecho de practicar la visualización engaña a la mente subconsciente de tal manera que ésta cree que lo que uno quiere ya existe. Por ende, la persona empieza a sentir un mayor nivel de interés y curiosidad.

Podemos hacer un experimento: piensa en un melocotón, uno que está en su punto de madurez, y le das una mordida. El jugo de ese melocotón se escurre entre tus dedos y llena tu boca. Tienes que masticar rápidamente ese bocado junto con el delicioso almíbar que contenía la fruta porque materialmente se sale de tu boca. Saboreas la pulpa y le das otra mordida, con el mismo resultado. Y así, hasta dejar únicamente el hueso. ¿Cómo te pareció este ejemplo? Pero también te puedo dar otro. Piensa en un limón. Lo partes a la mitad y lo llevas a tu boca para chupar su jugo. ¿Qué sucede ahora? La acidez del limón te hace salivar más al tiempo que produce toda suerte de muecas en tu rostro. Es lo mismo que le sucede a los bebés cuando prueban por primera vez el jugo de un limón. Hacen gestos que nos conmueven y hasta nos hacen reír. En este momento, al escribir lo anterior, me doy cuenta que estoy salivando profusamente. Pues, de eso se trata, de imaginar con todos nuestros sentidos porque eso hará que los deseos se manifiesten. Enfocarte en lo que deseas hará que tus sueños sean una realidad.

CAPÍTULO DIECISEIS

CONSEJOS DE MAESTROS ESPIRITUALES

"La belleza del amor es que cuando lo das libremente te quedas con más de lo que tenías antes." Dr. David Simon

Según nos explica Abraham -este excepcional grupo de conciencias no físicas que habla a través de Esther Hicks- la transición de la vida a la muerte es lo más natural. Agrega que es importante erradicar todos los miedos que tenemos los seres humanos sobre la muerte, porque es algo fácil y placentero, cuando nos damos cuenta que hemos dejado toda la negatividad a un lado y nos reunimos con familiares, amigos y conocidos que nos reciben con gran alegría. Desde esa dimensión estaremos cerca de aquellos que todavía permanecen en vida y de alguna manera los rodearemos de una energía amorosa, si existe en ellos la fe y aceptan esta premisa.

Abraham también sugiere que nuestro trabajo es estar listos para lo que ya se ha manifestado para nosotros, pera lo que ya está ahí, para ti. En otras palabras: "no busques el *momentum*, éste te buscará a ti." Estos son los mejores tiempos y los peores tiempos, porque hay personas que están despertando y por eso hay un mayor contraste.

Ahora, la energía se está moviendo rápidamente. El contraste te ayuda a decidir. Quieres moverte más rápido y eso está bien si estás en control de tu propio vehículo (tu cuerpo, tu ser espiritual). Se necesita estar alineado primero y luego aparece el *momentum*. Si te concentras durante 17 segundos en ese *momentum,* las cosas se mueven hacia la realización que anhelas. De esta manera funciona la Ley de Atracción. Y si logras repetir esos 17 segundos a sumar 68 segundos entonces la energía del universo será más fuerte respecto de lo que estás pidiendo. Porque lo que tú eres te ama inmensamente. Este grupo de conciencias no físicas llamada Abraham nos ama, y nos cuida. Esos seres nos protegen y tienen la capacidad de ver nuestro sendero porque ven el sendero que está frente a nosotros. Y nos dicen que existen muchos otros grupos que pueden llamarse Abraham o quizá tendrán otro nombre. Todos ellos están aquí para alentarnos, para guiarnos y para protegernos. Nos dicen que es importante prepararnos para que lo que está destinado a llegar en nuestra vida se manifieste rápidamente. Para ello se necesita ser positivo y disfrutar el proceso conforme se desenvuelve.

Abraham dice que no hay regresión, que únicamente hay expansión... que las adversidades son imágenes distorsionadas.

Algo interesante que escuché en una presentación de Abraham tiene relación con el significado de los números: Si nos entrenamos a no darle importancia a los pensamientos negativos y aceptamos que somos parte de la Fuente, esa vibración alineada, ese positivismo y esa conciencia también estarán alineados con la vibración de cualquier número que esté vibrando en nuestra existencia. La vibración de cada número es importante, sobre todo si existe algún número que te atrae, que te parece afín a tu propia vibración. A partir del curso que tomé sobre Numerología, pude confirmar, en cada ocasión, la exactitud de esta gran enseñanza surgida en Egipto hace siglos y estudiada por Pitágoras. Recomiendo tener fe en lo que nos marcan los números pues contienen grandes lecciones, a la vez que nos marcan la dirección que debemos tomar para realizar nuestra misión en este plano. Si tienes interés por conocer la vibración de tu número personal o la de alguna fecha en especial, te invito a visitar mi sitio web en donde ofrezco una descripción completa de la energía de los números y el signo al que perteneces en la sección Numerología. www.marthasanchezllambi.com

Otro maestro espiritual es Eckhart Tolle. Todavía no he profundizado en el tema de la reencarnación, pero hace unos días, al escuchar a Tolle hablar de los pensamientos y la certeza de que todos somos extraordinarios, él dijo que reencarnamos con cada pensamiento. Cada pensamiento es algo nuevo que aparece en nuestra mente, aunque sea repetitivo. Cada pensamiento nos hace reencarnar, es decir, volver a nacer, tener la oportunidad de crear algo mejor. Si únicamente tenemos pensamientos negativos, lacerantes, todo el tiempo, entonces estamos reencarnando hacia lo que no queremos ser. Es una pérdida de tiempo y de vida. Nuestra mente no nos conduce a ningún sitio nuevo, ni a la posibilidad de crear una nueva vida con nuevas opciones.

Tú no quieres estar en una conversación en donde te colocas a la defensiva. No trates de convencer a las personas sintiendo todo el tiempo que debes defender tu punto de vista... únicamente muestra que eres feliz, estas saludable, estás inspirado, que has descubierto cosas espectaculares o maravillosas, pero no entres en detalles, no seas específico con personas que no están listas para aprender o para evolucionar en su nivel de conciencia. Si eres entusiasta, como yo, y tu deseo es compartir con los demás lo que acabas de aprender o expresar tu opinión acerca de algo novedoso, debes observar con atención las vibraciones de los otros, porque pueden no estar dispuestos a aprender o a hablar de algo que los altera. En ese momento es mejor hablar del tiempo o si quieres comentar algún suceso que te pareció sorprendente, entonces hazlo utilizando un lenguaje sencillo, no trates de impresionar. Uno de mis maestros me aconsejó "habla en forma poética, gentil, para no agredir al otro."

Los siempre atinados consejos de nuestros maestros nos aseguran que: los pasos que estamos dando nos llevan a la exploración, luego al descubrimiento y por último a la satisfacción. Somos seres eternos. Somos una extensión física de la Fuente (Dios). Estamos aquí para cumplir una misión, pero al mismo tiempo, como seres que se manifiestan a través de vibraciones, tenemos la capacidad de ser felices. Se supone que la vida debe ser divertida. Cambia tu vibración para alinearte con la Ley de Atracción. Si eres un creador deliberado la Ley de Atracción se encuentra en el proceso y, al mismo tiempo, nos unimos a otros creadores de su propia realidad. Es importante estar alineado con esa más amplia parte de Quien Yo Soy.

Las cosas buenas me suceden porque estoy en medio de ese cambio en mi vibración.

Si eres un creador de la más pura energía positiva, entonces lo que estás creando se manifiesta. La mejor co-creación es con personas de tu propia familia, siempre y cuando encuentres esa conexión con él o con ella

Una excelente práctica, para estar en el momento presente es poner atención al sentimiento. Si tu pensamiento te hace sentir bien entonces consérvalo, si no, elige de nuevo.

Tenemos la capacidad de cambiar los elementos hereditarios y crear nuestra propia realidad, pero se trata de una combinación. No le pongas etiquetas a lo que es bueno o lo que es malo, no luches.

Al no entender lo que somos ni lo que venimos a hacer o cual debe ser nuestro comportamiento, nos fijamos en la enfermedad porque nos parece que es lo único que entendemos. La enfermedad aparece y tenemos la obligación de curarnos, de resolver ese problema, entonces nos involucramos en esa manifestación negativa de nuestras emociones, en eso que surgió porque no nos sentimos capaces de resolver los desajustes que ocurren en nuestro diario vivir, y le ponemos toda nuestra atención a "curar" ese estado alterado, ese físico, en vez de sanar aquello que nos causó temor, enojo o tristeza. No nos ocupamos de mantener sanas nuestras emociones, no las alimentamos con una vibración proveniente de esa Fuente de la que somos parte, de ese poder que reside en nosotros, que vino con nosotros y nos acompaña siempre, pero que hemos elegido ignorar.

Si decidimos recordar que cada uno de nosotros es un creador de energía positiva, pura, entonces lo que queramos crear se manifestaría de inmediato.

Sigue buscando hasta que tu origen, tu interior tan sabio, ese que está integrado en ti, te diga lo que quieres conocer, al encontrarse alineado vibracionalmente con la Fuente. Si no viajamos hacia nuestro interior, si elegimos ignorar a nuestra intuición, la respuesta permanecerá por siempre inaccesible.

CAPÍTULO DIECISIETE

LAS EMOCIONES

Las limitaciones auto-impuestas las crea tu pensamiento. Elige sentir en vez de pensar. Cuando sientes surge tu verdadera personalidad y ésta crea tu realidad personal.

Se dice que la emoción es energía en movimiento. Según multitud de investigadores y terapeutas del comportamiento, cuando sentimos una emoción, lo que realmente percibimos es la vibración de una energía en particular. Por lo tanto, se trata de una energía en movimiento.

Cada emoción tiene su propia representación, su propia signatura vibracional, y cuando aparecen emociones muy intensas, con frecuencia son atrapadas en nuestro cuerpo y nos abruman; no tenemos la capacidad de comprenderlas en su justa dimensión, ni siquiera analizarlas o metabolizarlas poco a poco para que no afecten nuestro físico. Van formando bloques de energía que pueden quedar atorados, por lo que empiezan a alterar nuestro sistema energético.

En virtud de que nuestro cuerpo es tanto bioquímico como biofísico, cualquier alteración en nuestro campo energético eventualmente provocará una disfunción física. Lo anterior lo podemos verificar, por ejemplo, si la persona sufre de depresión... con frecuencia sentirá una opresión en el pecho que podría confundirse con algún problema cardiaco. Una gran tristeza también puede tener un efecto devastador.

Nuestro cuerpo puede estar lleno de bloqueos o conglomerados de energía que representan un estado no armónico que invita a la enfermedad. El estrés altera de manera importante el nivel de energía; es por ello que para estar sanos resulta imperioso mantenerse en calma y en un estado de tranquilidad interna. Con más y más frecuencia, los estudios establecen que un gran porcentaje de enfermedades está relacionado con un elemento emocional. Por lo tanto, el estrés impacta las funciones de todos nuestros sistemas, como el sistema inmunológico, la química del cerebro, los niveles de azúcar o el equilibrio hormonal.

En nuestra sociedad, debido a los sistemas de creencias, es muy frecuente sostener una de las actividades más dañinas que puede tener el ser humano: el hecho de estar rumiando los eventos del pasado o visualizar una situación en donde el temor a lo que pueda suceder en el futuro es la actividad más frecuente. El individuo repite y repite esas escenas lacerantes pensando que en algún momento va a encontrar la solución, pero se le olvida que eso ya pasó y que no hay nada que pueda aportar, ni siquiera con una gran inteligencia, simplemente la situación no tiene solución, debe quedar en el pasado. Y si se trata de algo que pudiera suceder en el futuro, esa es una ocupación totalmente inútil porque ya lo dice el vocablo: preocupación, significa: ocuparse a priori de algo que podría suceder, pero que no tenemos la certeza, porque no está en el ahora. La realidad presente, esto que está ocurriendo ya, es lo único que cuenta. Por lo tanto, rumiar un incidente una y otra vez, a cada momento, todos los días, va a afectar muchas de nuestras actividades corporales causando inflamación. La mayoría de la población no toma en cuenta que la inflamación celular está presente y está causando grandes estragos.

Ese estado de cosas no es más que una situación "de emergencia" que debemos atender porque las emociones que produce, ya sea de enojo, de miedo o de tristeza, no hacen otra cosa que causar ansiedad e inseguridad, y por ello tenemos todo tipo de dolores y, con el tiempo, sufriremos de alguna enfermedad causada por químicos de estrés que estuvimos produciendo.

En palabras del Dr. Dispenza: *"Tu cuerpo representa tu mente subconsciente."* Así pues, nuestro subconsciente nos habla todo el tiempo, en ocasiones con gritos pidiendo auxilio, para que pongamos atención a lo que sucede en nuestro interior. Si nuestro pensamiento es el causante de tanto caos, entonces la solución reside en nuestra voluntad para transformar los pensamientos limitantes en pensamientos felices, positivos,

A partir de los estudios más recientes sobre las enfermedades surgidas de un estrés mental, nació hace poco la medicina mente-cuerpo, que nos ayuda a enfrentar nuestras emociones de la manera más amable, pero a la vez profunda. Son muchas las terapias mente-cuerpo que alivian el estrés. Yo misma tuve oportunidad de conocer y practicar diversas técnicas. No obstante, desde hace diez años, haber profundizado en la terapia EFT (Emotional Freedom Techniques – Técnicas para la Liberación Emocional) me permitió resolver problemas personales, así como abrir las compuertas que provocaban numerosas alteraciones físicas y emocionales de mis clientes. Para mí, se trata de la mejor técnica, la más bondadosa y segura hasta ahora. Una vez que el causante de ese malestar emocional es eliminado, el cuerpo puede recuperar su equilibrio y sanar, en ocasiones, de manera casi automática. No estoy faltando a la verdad cuando digo que en cinco minutos me ha sido posible ayudar a una persona a eliminar un fuerte dolor de cabeza o de rodilla o el nerviosismo tras haber tenido un altercado con un familiar. Otras alteraciones toman un poco más de tiempo, pero si el individuo tiene la voluntad y la paciencia para descubrir por qué está teniendo tantos problemas existenciales, tantas incomodidades físicas, al final de una sesión completa, un buen número de malestares quedará eliminado y la sensación de alivio será su mejor regalo.

Con todo lo anterior, queda muy claro que es esencial poner atención a nuestras emociones para mantenernos en buena salud. Por lo tanto, en vez de tomar un medicamento para cada síntoma que pueda aparecer en el transcurso de nuestros días, lo mejor será enfrentarnos a ese sentimiento que está presente constantemente, que nos lastima con su vibración de rencor, de frustración, de enojo o de miedo. A través de las técnicas que nos abren el camino hacia la disolución de sentimientos negativos, tendremos la posibilidad de dormir mucho mejor y de ir aliviando desde dolores de cabeza o de articulaciones hasta la presencia de enfermedades crónicas.

Ahora, me permito volver a sugerir que hagamos nuestra la maravillosa práctica de la meditación. Cuando no la hemos practicado la respuesta es de rechazo total, porque es más fácil tratarla de falsedad o brujería que enfrentarnos a la disolución de un sentimiento doloroso para entonces tener una vida feliz. Lo esencial es trabajar concienzudamente hacia la eliminación de un sistema de creencias obsoleto, negativo, que disminuye nuestra capacidad de auto confianza y auto sanación.

CAPÍTULO DIECIOCHO

MINDFULNESS O PRESTAR ATENCIÓN A NUESTRO INTERIOR

"Prestar atención de manera intencional al momento presente, sin juzgar, esto es mindfulness." Jon Kabat-Zinn

Este vocablo inglés ha sido utilizado durante los últimos tiempos por maestros espirituales cuya obra trata el tema de la armonía en las emociones; también por entrenadores de técnicas orientales como el yoga, Chi Kun, Tai Chi y otras. La palabra describe un estado mental de gran claridad. En virtud de que no existe una expresión específica en español, por su uso frecuente ha sido incorporada al vocabulario de otros idiomas. La mención de esta palabra nos puede provocar curiosidad o podemos sentir rechazo, porque nos resistimos a aceptar otras opciones.

Mindfulness es la traducción inglesa de la palabra *Sati* proveniente de la psicología Budista. Ha sido utilizada sin interrupción desde hace más de veinticinco siglos. La traducción más aproximada de *Sati* al español es: **atención plena.** *Mindfulness* se describe como un proceso que ayuda a mantener atención especial a la experiencia presente, momento a momento. También se entiende como *"la capacidad de mantener la conciencia en la realidad presente"*.

Individuos que han tenido un despertar en su conciencia la usan precisamente por su exacta representación. Se trata de poner una atención específica a nuestro interior y, al mismo tiempo, estar totalmente presentes en el momento, en el ahora. Es posible que muchos de nosotros hayamos tenido una experiencia similar y hayamos estado muy cerca del Espíritu, pues de eso se trata, de tener una hermosa relación con nuestro ser superior. Para algunos, esa experiencia que han llamado su epifanía significa que una semilla fue plantada en lo más profundo de su ser, y esa percepción llena de luz los fue transformando de tal manera que la sensación más poderosa fue entrar en una paz interna, en paz mental.

Diversos estudios establecen que *mindfulness* mejora la memoria al ayudarnos a retener más información. *Mindfulness* es excelente para estudiantes ya que les ayuda a no dispersarse, tienen mejor retención tanto para leer como para ejecutar sus tareas y, en especial, tienen la capacidad de mejorar su comportamiento en tanto que disminuyen el interés por el ego. *Mindfulness* o *estar en el presente* es una disciplina ideal para niños y adolescentes, que sus padres pueden practicar junto con ellos para gozar de salud perfecta y claridad de pensamiento.

Se ha comprobado que *mindfulness* ayuda a eliminar el estrés, la depresión y la ansiedad. También ayuda a desarrollar la creatividad, y disminuye la mente distraída, porque es un estilo de pensamiento que alienta la generación de nuevas ideas.

Mindfulness es un estado de conciencia o **atención plena** a la experiencia presente. Es estar plenamente consciente de lo que pasa alrededor nuestro en este mismo instante, libres del impulso por controlar o emitir juicios. No hay duda de que somos capaces de producir estados de **alerta plena** a través del empleo de diferentes técnicas de meditación. Son métodos para erradicar el sufrimiento humano. Existen dos métodos de meditación: a) la concentración que denota tranquilidad y b) la introspección (insight) que es el cultivo de la mente con el propósito de observar serenamente y sin juicio. La introspección es la comprensión o sentirse pleno.

La psicología contemporánea ha adoptado la expresión *mindfulness* como una técnica para incrementar la conciencia y para responder mejor a los procesos mentales que contribuyen al desarrollo de trastornos psicopatológicos y a otro tipo de problemas del comportamiento. En los últimos veinte años, *mindfulness* ha acaparado la atención de la psicología clínica y, más recientemente, la de la psicología experimental.

El Dr. Jon Kabat Zinn (médico y biólogo molecular) introdujo esta práctica dentro del modelo médico de occidente hace más de treinta años al crear la Clínica de Reducción de Estrés en el Centro Médico de la Universidad de Massachussetts. Allí introducía a los pacientes a la práctica de *mindfulness* para el tratamiento de problemas físicos, y psicológicos, dolor crónico, y otros síntomas asociados al estrés.

Este tipo de atención nos permite aprender a relacionarnos de forma directa con cualquier cosa que está ocurriendo en nuestra vida aquí y ahora, en el momento presente. En otras palabras, se trata de tomar conciencia de nuestra realidad al tiempo que nos damos la oportunidad de trabajar

Finalmente, la *atención plena* nos ayuda a recuperar nuestro equilibrio interno, atendiendo de forma integral los aspectos del cuerpo, mente y espíritu. Al practicar la *atención plena* desarrollamos una mayor capacidad de discernimiento y de compasión.

Por otra parte, estoy de acuerdo con el gran George Bernard Shaw quien dijo: *"El progreso es imposible sin que exista un cambio, y aquellos que no pueden cambiar sus mentes no pueden cambiar nada."*

Gracias a las técnicas de meditación orientales, *mindfulness* se ha difundido y se ha puesto en práctica de manera creciente. En palabras del gran maestro espiritual Thich Nhat Hanh, *mindfulness* es parte de las enseñanzas de Buda respecto al momento presente, y esa conciencia del ahora es perfecta cuando ponemos atención a la respiración. *"Al inhalar, sabemos que estamos permitiendo que el aire entre en nuestros pulmones, Al exhalar, sabemos que estamos dejando salir el aire y con ello eliminamos toxinas y permitimos que el oxígeno vuelva a entrar en nuestros pulmones."* Y agrega: *"Inhalar, sabiendo que estamos inhalando. Exhalar, sabiendo que estamos exhalando. Eso es todo. Nuestra mente está en calma y nuestra intención aporta salud y bienestar a nuestro cuerpo."*

Este sería un ejemplo de *mindfulness.* Si tienes un florero en tu casa con un lindo bouquet de flores de distintos colores, toma asiento frente a él y observa las flores durante unos minutos. Retén en tu memoria todos los detalles, cómo es el florero, de qué está hecho, qué flores reconoces y cómo están dispuestas, qué colores tienen y si percibes algún aroma. Te estoy dando ya muchos *tips* porque es difícil explicar el ejercicio así por escrito. Sal de la habitación (o que alguien retire el florero). Siéntate en otro lugar. Cierra los ojos y mantén esa imagen. Luego toma un papel y pluma y describe lo que viste. Si lo puedes hacer entre dos o más será interesante conocer las descripciones de todos.

Otro vocablo en inglés, que se ha utilizado para describir un estado de paz mental es *awareness,* el cual también nos conduce al reino de la sabiduría espiritual, en donde no sólo dejaremos a un lado las emociones limitantes, también marcharemos por el camino de la salud física. Se trata de un estado de plena conciencia; es, igualmente, estar *alerta,* darnos cuenta de lo que sucede alrededor nuestro, sin hacer juicios, pero observando profundamente, para encontrarnos con el amor por uno mismo y para los demás. Esta es la finalidad de una meditación, es el resultado de utilizar *mindfulness* y *awareness*. Al incorporar este estado de ser en nuestra vida iremos conociendo cómo funciona nuestra mente y por qué somos los creadores de nuestra propia realidad. Vivir bajo la prístina claridad proveniente de un estado de alerta nos permite estar en paz. Volver una y otra vez a ese espacio de intimidad con el momento presente es lo que lograremos al practicar *mindfulness.*

Buda abogó por establecer la atención plena, cada día, en la medida de lo posible. Una conciencia tranquila en un estado de alerta hacia las propias funciones corporales, sentimientos, pensamientos y percepciones. La práctica de la atención da como resultado el incremento de sabiduría. Y no sólo eso, me consta que al vivir en un estado de dicha interna y serenidad, sabedores de que podemos crear nuestra realidad, tenemos la oportunidad de hacer que se manifiesten nuestros más caros anhelos. Al tener proyectos, éstos se harán realidad si confiamos en nuestro Yo superior, si llevamos en la mente que somos parte inseparable de la Fuente. Las cosas buenas siempre estarán presentes.

CAPÍTULO DIECINUEVE

LA FE ELEMENTO VITAL PARA LOGRAR NUESTRO PROPÓSITO

Recomiendo hacerle caso a los momentos de intuición brillante que surgen de pronto en nuestra vida. Esos momentos fugaces en los que sabemos que es preciso hacer algo porque pertenecen al reino de la creatividad, están llenos de espontaneidad. ¿Qué es lo que está presente en esos instantes que suelen ser muy divertidos o nos llenan de ternura? La Fe. Fe en uno mismo. Esa sensación no tiene nada que ver con la fe de la que hablan los que nos piden creer a pie juntillas los conceptos religiosos, sociales o mercantiles. La fe de la que hablo tiene que ver con una seguridad profunda, íntima, en lo que hacemos, pensamos o sentimos. Fe en nuestra esencia, en quienes somos. Fe, que es igual a experimentar una cálida presencia dentro de nosotros, una presencia que nos acompaña siempre, pero que sólo en esos momentos de gran claridad percibimos como una fuerza personal que nos impulsa. Es preciso repetir esos momentos, puesto que son los que nos llevan a la manifestación de nuestros deseos.

Se trata de un crecimiento personal, que nos invita a tomar una decisión, basados en algo que nos era desconocido, algo a lo que no habíamos podido darle nombre. Esas chispas de inspiración son las que nos aportan algunas de las experiencias más importantes en nuestra vida, desde conocer a nuestra pareja hasta el cierre de ese tan esperado contrato o terminar una carrera en la universidad.

Algunas personas llaman a estos momentos "murmullos desde el alma", y no son otra cosa que la energía divina trabajando a nuestro lado para guiarnos en la mejor y más bella dirección.

Si has tenido alguna de estas vivencias, podrías explicarla como algo que nació de tu corazón o que fue un flashazo de tu mente; otros dirían que fueron los ángeles o la mano de Dios, la que les dio tan preciada información. Sin importar el nombre que le queramos dar, una cosa es cierta, esa guía interna es real y sus efectos en ocasiones cambiarán tu vida o la salvarán. En algún momento te darás cuenta que dichos instantes luminosos no tienen que ser ocasiones fuera de tu control; puedes ampliar ese acceso a la fuente superior de sabiduría en un nivel similar a tener una conversación con tu mejor amigo. Sostener una sincera y cálida conversación con Dios todos los días es la mejor receta para mantenernos sanos física y emocionalmente, pero no solo eso, es el ingrediente básico para ampliar nuestra conciencia.

Con la sabiduría adquirida tras estos encuentros con nuestro Yo superior, seremos capaces de ayudar a los demás y ellos ya no querrán resistirse, podrán retirar los velos que opacan su conciencia.

Para algunas personas, esta capacidad interna parece llegar de manera natural, y la verdad es que este tipo de intuición veloz es una dádiva que todos tenemos. Podemos decir que es una habilidad que cualquiera puede aprender y dominar con el tiempo. Se trata de algo que no sólo pertenece a psíquicos o visionarios, nos pertenece a todos por derecho.

Más y más personas alrededor del mundo están aprendiendo a hacer conexión con esta sabiduría interna, y la siguen todos los días, porque les ha marcado el sendero hacia una nueva meta, los mantiene sanos físicamente y ya no son víctimas de sus emociones negativas. Esta guía interna es una de las herramientas más contundentes que tenemos los seres humanos ya que, al abrir tu canal interno de comunicación, permites un mayor flujo de información, de energía y de introspección. Percibes una más amplia perspectiva de la vida y de las decisiones que tomas a cada momento; puedes adquirir esa claridad transparente que te acerca cada vez más a tu verdadera contribución al mundo, sabes exactamente qué pasos dar, así como cuándo y cómo darlos. Te puedes mover más allá de los miedos, las dudas y los retos que, en general, son lo que impiden que puedas avanzar y alcanzar tus metas. Sabrás que estás apoyado y conectado a un poder superior.

Cada individuo tiene una fuente sagrada, un manantial desde donde fluye la sabiduría y emerge nuestra guía. Al elegir incorporar en tu vida momentos de meditación, al aceptar abrirte a las capacidades de tu Yo superior, tu vida dará un gran giro, y esa decisión te colocará en el camino no sólo de la paz mental, también te aportará lo que quieres lograr, lo que se te había negado antes por mantenerte ajeno a la perfecta vibración del universo.

Créeme cuando te digo que realmente puedes transformar cualquier aspecto de tu vida que sientas que no te está dando lo que anhelas. Puedes hacerlo, y sólo necesitas **tener fe** en tu habilidad para manifestar más abundancia, más amor y felicidad o cualquier otro tipo de éxito que desees. El truco, si quieres llamarlo así, es visualizar exactamente lo que quieres, en forma positiva. Hazlo durante algunos minutos todos los días. Piensa en eso que quieres lograr y hazlo con fuerza, con toda la concentración de que seas capaz, con toda la emoción anticipada, puesto que eso es lo que quieres en tu vida. Si eres persistente, lo lograrás. Si previamente descartas toda creencia negativa entonces sentirás en lo más profundo de tu ser que realmente fuiste creado/creada para triunfar. Mereces tener una vida feliz, una vida sana, llena de logros; tienes la enorme capacidad de realizar tus metas.

De hecho, puedes tener resultados positivos ahora mismo. Puedes empezar a sentir más fuerza y poder, más inspiración en unos minutos ya que tendrás una evidencia muy clara de que puedes convertirte en una persona con creatividad, visión y recursos para edificar una vida extraordinaria.

Recuerda que se trata de hacer un trabajo personal, y si no haces este trabajo sentirás emociones contrarias y entrarás en estados enfermizos como procrastinar, o sentirás angustia, estrés e incluso podrás auto sabotearte cada vez que quieras empezar de nuevo.

Mi muy admirado científico, investigador, conferencista y autor de varios libros que han aportado grandes cambios en mi vida, Dr. Bruce Lipton (Centro Médico Universitario de Stanford) nos dice... *"es tu mente subconsciente la que finalmente da el voto decisivo"* respecto de cuánto éxito, cuánta abundancia, felicidad, salud y libertad vas a experimentar en tu vida. Así es como lo explica:

"La mayoría de las personas ni siquiera reconoce que su mente subconsciente está en juego, cuando el hecho es que la mente subconsciente es millones de veces más poderosa que la mente consciente, y que operamos 95 a 99% de nuestras vidas desde programas subconscientes..."

Dicho de otro modo, se trata de aprender a reprogramar tus creencias subconscientes para que, lograr lo que más deseas sea fácil, sea un acto sin esfuerzo.

Y para ello, lo más efectivo y divertido es enseñar a tu mente una nueva actividad: utilizar la visualización (como lo he explicado en otro capítulo).

Algo muy importante ha estado sucediendo en los últimos diez años. Cada vez es más fácil hacer conexión con nuestra guía superior y, también cada vez hay más personas que están dispuestas a tener una mayor apertura de conciencia y, por ello, desean caminar por el sendero de la espiritualidad Las limitaciones auto impuestas provienen de nuestros pensamientos. Si en vez de pensar nos acostumbramos a *sentir* entonces nuestra verdadera personalidad crea nuestra *realidad personal.* Ya no eres el programa, eres la conciencia del presente.

La medicina moderna nos aporta nuevos objetivos. Los científicos pertenecientes a este nuevo campo de la neuroplasticidad han descubierto que nuestro cerebro en vez de dejar de crecer alrededor de los 18 años, está haciendo nuevas células y nuevas conexiones neurales todo el tiempo. Estas conexiones cambian directamente nuestras creencias más profundas, cambian nuestros programas, por lo tanto, es más fácil "reprogramar" nuestra información subconsciente y salir de nuestra zona de confort. Podemos practicar sentir una emoción nueva, poderosa, que nos fortalece y nos llena de energía y de esperanza, como si ya fuera una realidad. Cientos de estudios han comprobado que la visualización mejora nuestra memoria, nuestras habilidades físicas, y no sólo eso, también nos relaja y nos da claridad para ser más productivos. Todo lo anterior tiene un efecto positivo en nuestros genes. Por lo tanto, podemos decidir ahora que ya estamos listos para lograr esos sueños. Y, luego, seamos agradecidos.

Tengo 81 años, y desde hace algún tiempo he experimentado los mejores momentos de mi vida, cobijados por la más hermosa sensación de paz interna. De esa certidumbre que adquirí puedo decir que estoy convencida de que todos tenemos derecho a gozar de una conexión similar. No estamos solos, estamos acompañados por seres de luz que nos protegen y guían nuestros pasos. La conexión es muy fácil. Ante la realidad que es tener calma, no sufrir de explosiones de ira, nunca padecer úlceras estomacales, dormir muy bien y gozar de mejores relaciones con la familia, con los amigos o con personas con quienes antes teníamos encuentros desagradables, me parece que tomar la decisión de cambiar y empezar a meditar es algo que no tendríamos que pensar mucho, no se trata de una cuestión imposible... cualquiera preferiría la armonía a la intranquilidad.

Se trata de empezar a hablar con Dios o con los seres de Luz que te rodean en todo momento, porque su misión es aconsejarte y protegerte. Se trata de apartar un momento en tu día para estar en silencio y hablar con esa presencia divina que habita en tu interior. A medida que pases más y más momentos en silencio, veras que tus miedos desaparecen y también las dudas. ¿Qué es lo que obtendrás? El mayor regalo: la certeza de que la enfermedad puede desaparecer, empezando por disolver los achaques y los dolores que a veces invaden tu cuerpo. Te aseguro que hablar con esa Fuente de sabiduría te permitirá estar más allá del ego, puede ser el camino hacia una profunda transformación. Cuando digo que no estamos solos, estoy totalmente convencida, porque siempre hay alguien afín a ti, alguien "que habla tu mismo lenguaje" o tiene tus mismas inquietudes, entonces, es el momento de unirnos y agradecer a los seres que nos acompañan que nos hayan mostrado el camino. Todo esto me hace volver a la sugerencia que di en otro capítulo, que algo fundamental que podríamos hacer es enseñar a los niños, desde pequeñitos, a mantener su conciencia abierta, a evolucionar siempre. En una ocasión, el Dalai Lama dijo que si reuniéramos a todos los niños de este planeta Tierra y les pidiéramos meditar una hora a la semana desaparecería la violencia en el mundo.

Cuando las cosas se hacen con amor, el resultado siempre es maravilloso.

"El mayor logro en la vida es tener la habilidad de crear el mundo a tu derredor de tal manera que iguale los sueños que acaricias en tu mente." Michael Dillon

Si hablamos de la física cuántica, entonces una gran solución para obtener las cosas buenas de la vida es reprogramar nuestras creencias subconscientes, es dar un salto cuántico hacia la realización de nuestras metas.

Si creemos lo que nos aconseja Abraham a través de la voz de Esther Hicks entonces sabremos que una de las cosas que nos mantiene alejados de nuestra visión más perfecta es que realmente **no sabemos** cuál es esa visión perfecta. Entonces ellos nos explican: *"la habilidad más valiosa que puedes desarrollar es la habilidad de dirigir tus pensamientos hacia lo que tú quieres, convertirte en adepto para evaluar rápidamente todas las situaciones y luego llegar a la conclusión de lo que más quieres, para luego darle toda tu atención precisamente a eso."*

El mejor consejo es *sentir más.*

CAPÍTULO VEINTE

LOGRARLO ES MÁS FÁCIL DE LO QUE CREES

¡Se nos olvida que podemos ser amigos del Universo!

Quizá, en algún momento, has sentido que el universo está en contra tuya. Quizá has deseado ser una *nueva persona* al levantarte por la mañana, alguien que se comportaría de mejor manera ante las circunstancias que le rodean, pero hay algo que te detiene, que impide que hagas realidad ese deseo. Muchos hemos sentido lo mismo. La verdad es que olvidamos estar alineados con el universo, y el universo lo único que desea es que tu o yo tengamos una existencia ideal.

El propósito de la vida es ser *quien yo soy* en su máximo potencial.

De niños no nos enseñan a pensar lo que queremos como un comportamiento natural, cotidiano. O si solemos imaginar nuestro mundo privado, nuestros padres o familiares adultos suelen decirnos que dejemos de hacernos ilusiones. Y, entonces, perdemos algo sumamente valioso: dejamos de creer en nosotros mismos y en lo que soñamos. Los maestros em la escuela tampoco nos alientan para que lo que más deseamos se manifieste en nuestra realidad. Cuando alguien nos alienta, entonces, nuestra confianza crece y aprendemos a fluir en ese estado de relajación, de serenidad, de paz interna.

"Nuestros retos pueden convertirse en nuestras grandes fuerzas." Blue Marsden

Jeff Foster, (astrofísico de origen británico) es un místico quien, después de pasar por una profunda depresión, encontró el camino del despertar espiritual. Dice que "la vida está aquí, el despertar no es un destino, es *enamorarse de quien tú eres.*"

Se trata de una apertura radical del corazón. Un actitud de tener la voluntad de darle la bienvenida a la totalidad de la experiencia que la vida nos ofrece momento a momento. No es un lugar al que vas a llegar, es un estado de dicha continua.

Eckhart Tolle lo dice con estas palabras: *"El mundo sólo puede cambiar desde adentro."* Por lo tanto, si estás deseando que las cosas cambien, si te desespera cómo actúan las personas que ves todos los días en la calle, o si te molesta que a nadie le importe si hay gente que sufre de hambre o si hay injusticia por doquier, la solución es que tú actúes de manera diferente, que ayudes a los demás, que cambies tu forma de pensar y le des un giro de 180° a tu sistema de creencias. Tú eres el creador de tu realidad, por lo tanto, tú tienes la capacidad de auto sanarte, de no desesperarte. Puedes ser feliz con lo que haces. Los demás seguirán tu ejemplo.

En un mundo como el de hoy, donde todo es competencia, nos encontramos a diario con situaciones en las que nos toca elegir entre disfrutar, descansar, pasar tiempo con la familia y amigos, o trabajar duro, estudiar duro, hacer negocios, usar nuestro tiempo para lograr ser competentes y no perder nuestros empleos.

Te invito a evaluar y a reflexionar acerca de lo que es importante en tu vida. Ten en mente que lo más importante eres tú y todos los que te rodean. Solemos presionarnos con actitudes basadas en lo que es *urgente* realizar día a día. No nos percatamos que, *urgente* es una palabra que nos ronda, pero de la cual hemos perdido todo significado de prioridad porque es la manera más pobre de vivir. Nos involucrarnos en una carrera en donde el día no nos alcanza y nunca terminamos esas tareas "urgentes".

En cambio, *importante* es darle a la familia momentos que valen oro, lo que llaman "tiempo de calidad", porque estás ahí para ellos, estás deseoso de compartir y disfrutar cualquier detalle, cualquier gesto que los haga reír, que los invite a abrazarse. Importante es que seas más humano, más amigo, mejor padre.

Importante es que recuerdes que eres Uno con el Todo, con el Creador, con la Fuente de toda vida y todo amor, que sepas que nunca estás solo y que el alimento más importante en la vida es el afecto con el que te nutres y nutres a los que más quieres. Importante es que les digas a los que aprecias que su amor es muy valioso, pero debes hacerlo Hoy, no mañana. Importante es que cada día, al salir el sol o cuando vayas a dormir, agradezcas tener salud y respires profundamente sintiéndote rico por tantas bendiciones.

Cuando descubres que eres rico, piensa en las palabras de Jack Kornfield: "*¿De qué manera afectó tu vida el que otro haya visto la bondad en ti?*" Y es que, empezar a cultivar la calidad de amor y compasión recibe el nombre de "*Ver la bondad en el otro.*" Esto no sólo es importante, es vital

El místico Thomas Morton, lo llamó "*La secreta belleza detrás de los ojos de cada ser.*" O como expresó Nelson Mandela: "*Nunca hace daño ver la bondad en alguien. Con frecuencia las personas actúan mejor a causa de ella.*

En tiempos de dificultad o de desesperanza, es importante ver que no sólo existe la bondad en todas las personas, sino que muchas hacen hasta lo imposible por esconderla ante el miedo a perder posición, a ser consideradas débiles; entonces, podemos devolverles la serenidad al ser bondadosos con ellos.

Menciono nuevamente a Jack Kornfield, quien habla sobre nuestros pensamientos: "No tienes que creer en tus pensamientos, la mente puede jugarnos rudo." En uno de sus seminarios, una asistente comentó: "Mi mente es como una vecindad de mala reputación, trato de no ir ahí sola." Es posible alejarte de esos pensamientos lacerantes y mantenerte alerta eligiendo nutrir al amor y la compasión.

Tú ya eres un ser completo. No se trata de lo que vas a obtener, se trata de lo que ya eres. Si no estás disfrutando tu vida ahora mismo, con todo lo que has acumulado, con tu estado de salud actual y con tus relaciones presentes, nunca vas a apreciar o gozar una serie de condiciones de vida diferentes. Tu habilidad para disfrutar la vida proviene de cómo eliges procesar este corto episodio de tu existencia, en vez de esperar lo que pudiera llegar del exterior. Nada fuera de ti tiene el poder de otorgarte la felicidad que anhelas.

CAPÍTULO VEINTIUNO

ERES UN SER PRIVILEGIADO, CON CAPACIDADES INSOSPECHADAS.

"Mi Yo superior está conmigo todo el tiempo."

El ser superior es quien tú eres. Es tu auto conocimiento o conciencia, por lo tanto, siempre está contigo. Practicar la gratitud y el aprecio te ayuda a estar en plenitud.

Quiero compartir contigo la experiencia espiritual que tuvo una alumna de Gary Craig, el creador de EFT, cuyo nombre es Donna Clarke. Esto le sucedió en algún día de julio de 2015.

Donna caminaba por el parque en su caminata diaria para hacer ejercicio y meditar. Acababa de escuchar una grabación en su Podcast que hablaba sobre "ser suficientemente bueno" cuando, de pronto, se sintió mucho más ligera. Se sentó en una banca para permitir que el proceso la llenara completamente en su interior.

En su carta a Gary narró que su percepción del mundo a su alrededor había cambiado completamente. Sintió que Todo estaba integrado. Vio (literalmente vio, en el sentido de "comprender") conforme observaba alrededor suyo que todo estaba unido, interconectado y se movía al unísono. Se quedó sin habla en esa sorpresa abrumadora, y se preguntaba qué había sucedido, mientras estaba prácticamente con la boca abierta ante tan maravilloso evento. Y pensó...

"No hay estructura... no existe ninguna estructura. He estado viviendo mi vida como si estuviera en una Matrix, en donde todo tiene que encajar con inicios, finales y reglas... ahora ya no hay estructura. No existe eso de 'suficientemente bueno' o 'no bueno', la perfección es una imperfección. Cada momento, cada momento de cada cosa está conectado y fluye, fluye como el agua, no como las rígidas estructuras y reglas, sino como el agua. No hay estructura, la estructura está únicamente en mi mente, soy yo la que la crea, vivo a través de ella, es lo que he utilizado para mantenerme segura. Pero, no me

mantiene segura, me impide conocer, no me permite comprender a las personas, a mí misma. a Dios, al Espíritu. Me desprendo de esta estructura, no existe 'suficientemente bueno', no existe eso de "el camino correcto", no existe eso de las cosas correctas que debe uno comer. no existe eso de una figura correcta. del peso correcto, o lo apropiado para vestir, para decir, para responder con el tono adecuado.

He estado controlando, tratando de controlar a todos y a cada cosa, y conforme las personas están más cerca de mí trato de controlarlas porque siento que esa es la manera correcta de hacer las cosas todo el tiempo, y tengo que convencerlas de actuar de la manera correcta. No existe eso, no hay una manera correcta, no la hay (y esto me está alterando). No hay estructura, la estructura está en mi cabeza y me aprisiona. Y ya no puedo vivir más con esta estructura, es esta estructura la que me doblega y me causa estrés conforme trato más y más de permanecer dentro de ella."

En verdad, nuestras experiencias encajan perfectamente con la *Física Cuántica* y con la *Realidad*. Donna termina su misiva dando gracias a Gary por haberla acercado a esa técnica.

Yo hago lo mismo, porque al practicar EFT desde sus comienzos, me encuentro recordando mi propia epifanía que marcó el gran cambio en mi vida.

Para ser felices, para lograr que las cosas buenas nos sucedan es preciso tener en cuenta que lo importante no son los *detalles, sino el resultado final.* En otras palabras, según Mike Dooley -quien intervino en el film The Secret y es autor, conferencista y destacado maestro de las emociones y el comportamiento humano- si ponemos toda nuestra atención en darle al universo detalles específicos de lo que queremos, por ejemplo, nuestro nuevo empleo: en dónde lo queremos, qué tipo de trabajo, que no tenga demasiadas horas, que el jefe sea amable, que la empresa otorgue buenas bonificaciones y días de descanso, y más, entonces **las opciones se bloquean** por tanto detalle. Si en verdad lo más importante es obtener un buen empleo en donde estemos felices, el universo sabe perfectamente lo que tiene que hacer, porque ya está todo organizado. Solamente nos toca estar pendientes de las cosas que suceden alrededor nuestro porque ahí estará el mensaje y la respuesta..

Agradezco profundamente toda la ayuda que he recibido de diversos maestros en este camino evolutivo. Las terapias aprendidas han sido un bálsamo para restaurar las heridas por situaciones mal procesadas. La sensación de libertad es única. La paz interna, gracias a la meditación, cierra con broche de oro mi búsqueda.

Agradezco, igualmente, el que hayas llegado hasta aquí y sólo me resta decir que ojalá mis sugerencias te sean útiles ahora y en los años por venir, que espero sean muchos y muy felices.

BIBLIOGRAFÍA:

El Dao - El **Tao Te Ching**, también llamado *Tao Te King*, que se dice fue escrito por *Lao Tzu*, o Lao Tse, "Viejo Maestro", es un texto clásico chino. Su nombre se traduce como "El libro clásico del camino de virtud".

- Eckhart Tolle – Nació en Alemania. Vivió con su padre en España y luego se mudó a Londres en donde terminó sus estudios. Ahora vive en Canadá junto con su esposa. "The Power of Now" (El Poder del Ahora) y "A new Earth" (Una Nueva Tierra) son dos de sus obras más recientes.

-Dr. Wayne W. Dyer (mayo 10, 1940 - 30 agosto, 2015) - Prolífico autor con más de veinte *bestsellers*. Su último libro, en el que compiló las entrevistas a cientos de padres de familia quienes hicieron a sus hijos pequeños la pregunta "¿Qué es Dios?" estará a la venta en el mes de octubre/2015. Wayne tenía una gran ilusión por conocer la reacción de sus lectores a este singular tema ya que las respuestas de los niños fueron espectaculares. Sus cenizas fueron arrojadas al mar en esas aguas de Maui, Hawaii que fue su lugar de residencia los últimos años de su vida.

-Maestro Mantak Chía El Maestro Chia nació en Tailandia (1944), de padres chinos. A los seis años inició su aprendizaje de la meditación budista. Más tarde, aprendió a transmitir el poder de la fuerza vital a través de las manos. Después de años de estudio llegó a Nueva York y ahí empezó a divulgar su "sistema de sistemas" llamado el Tao Curativo. Actualmente vive en Tailandia donde dirige el Natural Healing Center y supervisa los numerosos centros establecidos en los Estados Unidos, Alemania, España, Inglaterra, Holanda y Suiza. Es autor de más de 20 libros y videos traducidos a más de 24 idiomas. Una de sus enseñanzas se titula "La Sonrisa Interna".

- Abraham – grupo de conciencias no físicas cuyas enseñanzas han sido publicadas en libros compilados por el matrimonio Jerry y Esther Hicks. Algunos títulos: "The Astonishing Power of Emotions, Let your Feelings be Your Guide" (El Sorprendente Poder de las Emociones, Permite que tus Sentimientos sean tu Guía). "Ask and it is Given" (Pide y te es Dado") y más.

Dr. Joe Dispenza – "Evolve your Brain" (Evoluciona tu Cerebro) y "You are the Placebo" (Tú eres el Placebo) extraordinarios textos que llevan al lector a comprender cómo las células son afectadas por el pensamiento de tal manera que podemos cambiar un estado de enfermedad por una salud perfecta.

-De. Bruce Lipton – extraordinario científico quien, a través de sus investigaciones comprobó que nuestras células, que son pensantes, pueden modificar el ADN, eliminar las emociones limitantes y dar un giro positivo a nuestras creencias. Su obra "The Biology of Belief" (La Biología de la Creencia) ha sido un parteaguas en la ciencia médica y el nacimiento de la epigenética.

-Gregg Braden – Durante algunos años destacado científico en la NASA, eligió continuar sus investigaciones en el campo del comportamiento humano y su relación con el Todo. "Spontaneous Healing of Belief" (La Espontánea Sanación de la Creencia).

-Dr. Deepak Chopra – Prolífico autor, creador de The Chopra Center, médico endocrinólogo. Su actividad más reciente es compartir sus conocimientos sobre la meditación.

-Thich Nhat Hanh – reconocido maestro espiritual nacido en Vietnam, monje budista, nominado para el premio Nobel de la Paz, egresado de Princeton, dirige la Aldea del Ciruelo en Francia, autor de numerosos estudios sobre la espiritualidad, el amor y la compasión.

-Dr. Darren R. Weissman – "Awakening to the Secret Code of Your Mind" (Despertar al Código Secreto de tu Mente").

-Michael Brown – nacido en Sudáfrica, este joven brillante es autor de varios textos sobre el comportamiento humano y cómo desprenderse del ego, evolucionar para vivir en completa salud. "El Proceso de la Presencia", "Alquimia del Corazón" (versiones en castellano).

-Barbara Hand Clow – perceptiva astróloga y vidente norteamericana cuya obra "The Pleiadian Agenda" (La Agenda Pleyadiana) nos acerca a nuestra realidad en el universo, nos cuenta en detalle lo que representa el Tzolkin y la cosmografía maya, y nos abre la más espectacular ventana hacia el gran viaje de nuestro Sistema solar a través del Cinturón de Fotones.

-Barbara Marciniak – sorprendente canalizadora y vidente norteamericana cuyo libro "Bringers of the Dawn" (Los Mensajeros del Alba) constituyó mi primera incursión en el tema de nuestra presencia en la Tierra y el camino hacia la transformación espiritual.

-Dr. David Simon – Co-fundador de The Chopra Center

Printed in the United States
By Bookmasters